CASEI, E AGORA?

UM GUIA PRÁTICO PARA OS PRIMEIROS ANOS DE CASAMENTO

DAVID J. MERKH & RICARDO G. LIBANEO

© 2025 por David Merkh e Ricardo Libaneo

1ª edição: março de 2025

Revisão: Pedro Nolasco e Marcelo Santos
Diagramação: Sonia Peticov
Capa: Julio Carvalho
Editor: Aldo Menezes
Coordenador de produção: Mauro Terrengui
Impressão e acabamento: Imprensa da Fé

As opiniões, as interpretações e os conceitos desta obra são de responsabilidade de quem a escreveu e não refletem necessariamente o ponto de vista da Hagnos.

Salvo indicação contrária, todas as citações bíblicas foram extraídas da Bíblia Nova Almeida (NAA) da Sociedade Bíblica do Brasil.

Todos os direitos desta edição reservados à
EDITORA HAGNOS LTDA.
Rua Geraldo Flausino Gomes, 42, conj. 41
CEP 04575-060 — São Paulo, SP
Tel.: (11) 5990-3308

E-mail: editorial@hagnos.com.br | Home page: www.hagnos.com.br
Editora associada à Associação Brasileira de Direitos Reprográficos (ABDR)

Dados Internacionais de Catalogação na Publicação (CIP)

Merkh, David J.
   Casei, e agora? : Um guia prático para os primeiros anos de casamento / David J. Merkh, Ricardo G. Libaneo. – 1. ed. – São Paulo : Hagnos, 2025.

   ISBN 978-85-7742-603-4

   1. Casamento – Aconselhamento - Aspectos religiosos 2. Vida cristã I. Título II. Libaneo, Ricardo G.

25-0427   CDD 248.844

Índices para catálogo sistemático:
1. Casamento – Aspectos religiosos

Angélica Ilacqua CRB-8/7057

DEDICATÓRIA

Dedicamos este livro
às nossas respectivas esposas,
Camila e Carol Sue,
companheiras fiéis,
amigas para sempre.

SUMÁRIO

Agradecimentos..7

Prefácio: Casei!...8

PARTE 1 – CASEI: FUNDAMENTOS DO LAR

Introdução: Tornando-se um nos primeiros anos de casamento 16

1. Acabou a lua de mel: Os primeiros anos do casamento 20
2. Uma família perfeita? Graça ou desgraça no lar 28
3. Pecar é humano... mas como perdoar? 38
4. A mudança de hábito e o hábito da mudança 54
5. Trabalhando as diferenças: Os opostos se atraem 68
6. Adaptando-se às novas rotinas 76
7. Meu cônjuge, meu amigo 90
8. Unidos de alma 100

PARTE 2 – TORNANDO-SE UM

9. Um pelo outro, ambos para Deus: Tornando-se um 114
10. Afinal, quem manda? Tornando-se um nos papéis 126
11. Sub-missão ou submissão: Tornando-se um nos papéis 136
12. Ele disse, ela disse: Tornando-se um na comunicação ...150
13. É preciso dois para brigar: Tornando-se um nos conflitos conjugais 166
14. Encontros e desencontros na vida íntima: Tornando-se um sexualmente 180
15. Até que o dinheiro nos separe: Tornando-se um financeiramente 192

16. "Sogra" não é palavrão: Tornando-se um diante dos parentes 204
17. 1+1>2: Tornando-se um ministerialmente 216
18. Ter pets ou ser pais? Tornando-se um na paternidade (Parte I) 228
19. Seremos pais! E agora? Tornando-se um na paternidade (Parte II) 238
20. Buscando ajuda nas tempestades da vida: Quando não conseguimos nos tornar um? 250

Conclusão: E agora? 262
Bibliografia 265
Sobre os autores 271

AGRADECIMENTOS

QUEREMOS AGRADECER às pessoas que colaboraram muito para que este volume esteja disponível ao público, especialmente às nossas esposas Camila e Carol Sue, que leram o manuscrito e fizeram suas sugestões. À nora do David, Adriana, que mais uma vez fez uma correção completa do manuscrito. À filha do David, Keila, e ao genro, Fabrício, casados há cinco anos quando o manuscrito foi preparado, fizeram muitas sugestões valiosas, assim como nosso amigo e colega, Pr. Jeremiah Davidson.

À equipe eficiente da Editora Hagnos, que sempre crê no nosso trabalho e zela pela produção de material bíblico e prático para a igreja brasileira: Muito obrigado!

Finalmente, agradecemos a Deus, que tornou possível a publicação desta ferramenta para o discipulado de casais em seus primeiros anos da jornada matrimonial. Que Ele seja glorificado na vida de famílias que seguem cada vez mais seu Filho amado, Jesus.

PREFÁCIO

CASEI!

Por Abmael Araujo Dias Filho[1]

---

[1] Pastor da Primeira Igreja Batista de Atibaia, SP.

O INÍCIO DO CASAMENTO é um desafio para todo casal. A ordem bíblica de "deixar, unir-se e tornar-se um" é como os momentos do pouso de um avião para quem nunca voou. Pois há a alegria da chegada e a expectativa de que o avião desça e complete o seu pouso em segurança, mas também há aquela incerteza pairando no ar: "Será que vai dar certo?".

Hoje, parece que essa incerteza aumenta ainda mais. Milhares de casamentos no Brasil, segundo o IBGE, não conseguem pousar na pista em segurança, causando violentos danos aos que se casam. Parece que faltou preparo para uma adaptação melhor nos primeiros anos de vida matrimonial, para fundamentar uma vida inteira de amor. Como diz o ditado, "Casamento é como o bom vinho, quanto mais velho melhor!".

Os autores deste livro têm uma experiência comprovada no ministério com casais em todas as etapas da vida, mas especialmente nos primeiros anos da vida a dois. Pr. David Merkh e Carol têm décadas de investimento em casais e são autores de diversos livros na área de família. O Pr. Ricardo tem investido junto com a Camila, sua esposa, em gerações de noivos que nos alegram por formarem famílias sólidas. Ambos os casais têm se dedicado ao fortalecimento de famílias no contexto da igreja local.

A obra que você tem nas mãos será uma bênção, pois contém orientações seguras da Bíblia unidas a anos de experiência ajudando casais de noivos. Será uma ferramenta útil nas mãos daqueles que se esforçarem para prepará-los e acompanhá-los nos primeiros anos dessa tarefa tão importante que é formar uma família.

Antes de você decolar nas alturas com os conselhos preciosos deste livro, vamos preparar a pista, alistando algumas das dificuldades que os recém-casados podem enfrentar e sugerindo como elas podem ser superadas para assim criar um casamento sólido para a glória de Deus.

PRINCIPAIS DIFICULDADES DOS PRIMEIROS ANOS DE CASAMENTO

Um estranho no ninho ou um ninho de estranhos? Mesmo os melhores preparativos pré-nupciais não conseguem prever todas as áreas que precisarão ser adaptadas nos primeiros anos do casamento. Todo casal há de estranhar o estranho com quem, de repente, convive.

Podemos destacar algumas áreas que este livro trata com mais detalhes, nas quais a maioria dos casais passará por essa estranheza ao construir uma vida em conjunto.

1. Não correspondência das expectativas criadas durante o tempo do namoro

Infelizmente, por causa do nosso coração enganoso, promoveremos e construiremos expectativas irreais que tornarão os nossos primeiros anos de casamento um grande desafio. Pela graça de Deus e auxiliados por sua Palavra, essa adaptação pode ser graciosamente superada.

Minha mãe sempre dizia: "A gente conhece uma pessoa depois de comermos um saco de sal juntos". Ainda criança não tinha a percepção do que isso significava. Mas depois que vi que o consumo diário de sal é bem pequeno, descobri o significado. Leva tempo, muito tempo para comer um saco de sal!

O tempo de namoro serve para que o casal se conheça e perceba se de fato são compatíveis. Mas, nesse tempo, muita coisa pode ser camuflada, mesmo que não intencionalmente. Aquela moça meiga vai se exaltar em momentos de tensão e frustração. Aquele jovem piedoso vai revelar ídolos no altar da sua vida que concorrem com Deus. O casal, sempre produzido nos encontros no shopping, vai acordar depois da lua de mal com mal hálito, cabelo desarrumado e de mau humor.

Ao comerem o sal juntos, perceberão que se casaram com um ser humano pecador, cheio de falhas e com muito espaço para crescer.

E se o cônjuge não perceber que pode ser um instrumento gracioso de Deus para aperfeiçoar a pessoa com quem convive, o casamento feito no céu pode parecer um inferno.

2. Dificuldade de abandonar a mentalidade de solteiro

Na cerimônia de casamento o "chip de solteiro" é substituído pelo "chip de casado". Mas as mudanças não são tão automáticas.

A mentalidade de solteiro não é necessariamente egoísta, mas principalmente individualista. O individualismo é a semente do egoísmo. Assim, os recém-casados precisam ficar atentos à mentalidade de solteiro.

A lua de mel pode ajudar muito nessa transição. Mas ao voltar desse tempo especial, o casal precisa ficar ciente de que a vida mudou. A mentalidade "A2" significa sempre pensar nas implicações que algumas atitudes outrora simples adquirem para o casal, tais como convidar alguém para uma refeição, sair com os amigos, assumir compromissos ou agendar consultas.

3. Dificuldades financeiras

Foi dito pelos antigos: "Quando a dificuldade financeira entra pela porta, o amor sai pela janela". Quase todo casal passará por esses momentos, especialmente no início da vida a dois. Mas as crises podem ser momentos de crescimento da unidade do casal. Ambos passarão por esses desafios de forma bem unida e trabalharão juntos para superá-las.

4. Adaptação sexual

Essa é uma área sensível e importante no casamento. Mas ela, em si, é apenas um sintoma de outras áreas da vida conjugal. Já existe uma grande diferença entre homens e mulheres na área sexual. O homem é como um micro-ondas e a mulher como um fogão à lenha. Essa diferença de natureza já exige adaptação.

5. Cordão umbilical não cortado

Novo casal, nova família, novo endereço, nova casa: tudo novo! Que maravilha! Mas o que foi deixado para trás ainda exerce forte influência sobre o novo casal.

O cordão umbilical de dependência dos pais precisa ser cortado. Interferência indevida de terceiros, a começar com os próprios pais, precisa ser respeitosamente confrontada. Uma nova cultura familiar precisa brotar do solo matrimonial, um mesclar do DNA de ambas as famílias de origem, mas com novas tradições, novas rotinas, novas celebrações.

6. A resolução de crises conjugais

Após momentos de conflito durante o namoro e o noivado, cada um ia para sua própria casa. Uma vez casados, isso não é mais possível. Ambos vão para o mesmo quarto e a mesma cama. E não adianta fingir dormir! Às vezes, cada um fica bufando no seu canto. Sábio é o casal que aprende cedo a não deixar "que o sol se ponha sobre a ira de vocês" (Efésios 4:26).

Com o passar do tempo o casal deve criar a mentalidade de que não adianta tentar provar quem está com a razão. A resolução só virá quando o espírito de perdão e a graça de Deus entrarem e dominarem a situação.

O QUE A BÍBLIA RECOMENDA?

Tentamos limpar a pista de alguns problemas que afligem os novos casais. Mas para o casamento realmente voar com sucesso, precisamos seguir princípios bíblicos provados pelos milênios. A seguir, alguns dos muitos princípios que serão desenvolvidos ao longo deste livro.

1. A imersão total no compromisso no casamento

Um homem casado há 60 anos foi indagado sobre o porquê do seu casamento durar tantos anos. Ele respondeu que era de uma época em que, quando algo quebrava, não havia oficinas ou lojas autorizadas para consertos ou troca de mercadoria. O que quebrava tinha que ser consertado em casa. Ou seja, o casamento não era descartado, mas consertado em casa. Jesus disse, "Ninguém separe o que Deus ajuntou" (Mateus 19:6). Quando o casal se casa, é para o resto da vida. Esse compromisso em si já força muitos casais a descobrirem soluções para problemas inevitáveis que todos enfrentam.

2. Outrocentrismo

O casamento, mais do que qualquer outra instituição humana, revela o egocentrismo do nosso coração. A convivência desmascara múltiplas áreas onde só pensamos em nós mesmos. Talvez seja uma das principais adaptações, não somente nos primeiros anos do casamento, mas ao longo dele.

O cristianismo é outrocêntrico. Ele sempre visa o bem maior do outro. Cristo é o maior exemplo nessa questão, ao amar e se dar pelas pessoas (Filipenses 2:3-8). O seu compromisso radical se dá no fato de que ele deu a sua própria vida e que veio para servir, não para ser servido (Marcos 10:45).

3. Respeito

O respeito mútuo caracteriza a vida conjugal do cristão. O marido manifesta respeito quando segue a ordem do apóstolo Pedro: "Maridos, vocês, igualmente, vivam a vida comum do lar com discernimento, dando honra à esposa, por ser a parte mais frágil e por ser coerdeira da mesma graça da vida" (1Pedro 3:7). Paulo pede para a mulher tratar o marido com todo respeito (Efésios 5:33).

4. Maturidade

O casamento evidencia a nossa imaturidade. A necessidade de maturidade fica evidente tanto na vida a dois como na criação dos filhos. A nossa vida não é mais só nossa. Crescemos em sabedoria e maturidade quando aprendemos a dizer "não" a nós mesmos e "sim" aos nossos amados.

Como adquirir maturidade? A Bíblia sugere que maturidade é adquirida pela oração, pela leitura da Palavra e pela orientação de pessoas que andam com Deus. O casamento amadurece pessoas que anseiam por ser maduras.

5. Apoio de modelos sólidos

Uma das colunas da vida cristã é o discipulado, quando alguém comprometido com a fé cristã se dispõe a orientar outros nessa caminhada. Por isso, casais jovens precisam de modelos. Seria ótimo se todos já tivessem esses modelos nos pais. Mas quando não, a igreja pode supri-los. É aquele conceito de família estendida.

6. Dependência de Deus

"Se o Senhor não edificar a casa, em vão trabalham os que a edificam" (Salmos127:1). Esse texto fala de dois tipos de construtores: O primeiro é o Senhor. Ele é o engenheiro e arquiteto que fez a planta e dita o material, as dimensões, as especificações técnicas. Os segundos somos nós, os pedreiros, que devemos seguir à risca as orientações do engenheiro, sem inventar mudanças.

Quem assim fizer será o prudente construtor de Mateus 7: "Portanto, quem ouve estas minhas palavras e as pratica é como um homem prudente que construiu a sua casa sobre a rocha. Caiu a chuva, transbordaram os rios, sopraram os ventos e deram contra aquela casa, e ela não caiu, porque tinha seus alicerces na rocha" (Mateus 7:24-25).

CONCLUSÃO

O casamento é como o bom vinho: quanto mais velho melhor. Seguindo essa máxima, podemos pensar que apesar das lutas dos primeiros anos, os demais darão os frutos do investimento e da dedicação do novo casal. Seja "um estranho no ninho" ou "um ninho de estranhos", o casal forjará uma convivência, cumplicidade e comunhão que fará com que dois se tornem um. Neste livro é um aprofundamento de princípios bíblicos que fortalecerão o fundamento de muitos lares para a glória de Deus.

PARTE 1

CASEI: FUNDAMENTOS DO LAR

INTRODUÇÃO:

TORNANDO-SE UM NOS PRIMEIROS ANOS DE CASAMENTO

EDUARDO E PRISCILA[1] vêm de uma igreja séria e bíblica, que ao longo dos anos tem desenvolvido um ministério forte com casais e famílias. No tempo do namoro, quando eram adolescentes, já foram acompanhados por um casal de "tios" que ambos admiravam e que eram facilitadores de um grupo pequeno. Quando noivaram, participaram de uma pequena classe de aconselhamento pré-nupcial, junto com três outros casais, e tiveram encontros particulares com o pastor e sua esposa sobre suas expectativas para o futuro casamento, além de conversas sobre questões mais íntimas.

A cerimônia de casamento do casal foi uma bênção para todos e sua lua de mel superou suas expectativas. Mas quando Edu e Pri voltaram para casa, parecia que algo havia mudado. Todo o preparo antes do casamento foi ótimo. Mas, e agora? Os desafios da nova vida a dois, as adaptações, algumas decisões complicadas, o malabarismo com seus horários de serviço, os estudos da Pri e o envolvimento na igreja já culminavam em algumas discussões acirradas. E, aos poucos, o casal outrora assíduo em sua frequência e envolvimento na igreja, começou a distanciar-se da sua família na fé.

SOFRIMENTO DESNECESSÁRIO

O que aconteceu com Eduardo e Priscila repete-se centenas, se não milhares de vezes, com casais a cada ano. Alguns poucos têm o privilégio de um bom preparo e acompanhamento antes do casamento. Mas muito menos recebem apoio *depois*. É justamente naquele período

---

[1] A não ser que o texto diga o contrário, os nomes citados ao longo do livro são fictícios.

formativo, nos primeiros anos do casamento, que a maioria dos divórcios acontece. Muito sofrimento desnecessário naqueles meses e anos poderia ser evitado através de um ensino sólido, bíblico e prático sobre a vida a dois nos primeiros anos do casamento.

MINISTÉRIO ESTRATÉGICO

Embora haja no mercado muita literatura sobre o casamento, quase nada trata dos desafios dos primeiros anos do matrimônio. Por algum motivo, essa tende a ser uma fase ignorada, até no acompanhamento de casais na igreja. Nosso sincero desejo é que este livro sirva de encorajamento para que esses casais fortaleçam o fundamento de seus novos lares. Também gostaríamos que esta obra sensibilizasse igrejas sobre a importância de investir nos casais tanto antes como depois da cerimônia de casamento. De todos os ministérios com famílias na igreja, o investimento em casais de namorados, noivos e recém-casados talvez seja o mais estratégico, assim como diz o ditado, "Melhor prevenir do que remediar".

SOBRE ESTE LIVRO

Neste livro você encontrará não somente os alertas sobre os desafios desse momento chave da vida conjugal, mas também conselhos bíblicos para fundamentar o lar e cumprir o requisito bíblico de tornar-se os dois, um (Gênesis 2:24). Cada capítulo pode ser lido pelo casal em conjunto (de preferência) ou separadamente (conversando depois sobre as impressões de cada um). Também pode servir de currículo para o estudo em grupos pequenos de jovens casais ou numa classe especial no programa educacional da igreja. Pode até servir de guia no aconselhamento pré-matrimonial.

UMA LEMBRANÇA

Finalmente, queremos lembrar que toda essa ênfase na vida conjugal não é porque a família é o centro da existência humana. Em tudo, zelamos pela glória de Cristo manifestada no lar. Não somos "familiólatras". Mas reconhecemos a profunda importância que Deus deu à família como:

- Um reflexo da sua imagem (Gênesis 1:26-28).
- Um vislumbre do relacionamento entre o noivo, Cristo, e sua noiva, a igreja (Efésios 5:22-33; Apocalipse 19:1-9; 21:1-4, 9; 22:17).
- O lugar onde a manifestação da plenitude do Espírito e da Palavra mais se vê (Efésios 5:18-33; Colossenses 3:16-4:1).
- A instituição que o nosso inimigo Satanás, hoje ataca ferozmente (Efésios 6:10-20; 2Timóteo 3:1-7).
- A peneira que Deus usa para qualificar líderes da sua família, a igreja local (1Timóteo 3:1-7; Tito 1:5-12).

Com essa visão cristocêntrica, queremos fortalecer famílias desde o início da sua existência, para que Deus receba a glória, sua igreja seja edificada e vidas sejam transformadas para sempre.

Soli Deo Gloria!

1

RICARDO LIBANEO

ACABOU A LUA DE MEL: OS PRIMEIROS ANOS DO CASAMENTO

PEDRO E SUELI voltaram da lua de mel. Eles recomeçam a rotina de vida que tinham antes do casamento, agora adaptada a dois. Ele, focado no trabalho, tinha a responsabilidade de sustentar sua esposa. Ela, feliz por cuidar do próprio lar, na expectativa de fazer todas as coisas na companhia do marido. Mas logo ele aceita uma promoção para ter uma folga financeira; no entanto, isso ocupará mais tempo da sua agenda. Pedro passa a sair mais cedo e voltar mais tarde do trabalho. Geralmente trabalha aos finais de semana. No domingo, se arrasta para ir à igreja e passa a tarde toda dormindo para se recuperar do cansaço. Para piorar, Sueli assumiu uma classe do ministério infantil na igreja e se inscreveu no grupo de visitação semanal. Eles estavam no terceiro mês de casamento e quase não se viam.

INTIMIDADE NÃO SOBREVIVE SEM INTENCIONALIDADE

O casamento é um relacionamento que depende da amizade e da intimidade do casal. A proximidade conquistada no namoro e no noivado precisa ser cultivada. Aliás, agora precisa ser aprofundada no casamento, pois, finalmente, os dois são "uma só carne" (Gênesis 2:24).

Minha esposa e eu não cuidamos muito bem de plantas. Sempre que ganhamos um vaso com flores sabemos que ele não vai durar muito. Nós esquecemos de regar, podar e não sabemos quando colocar à luz do sol. Então simplesmente deixamos em cima da mesa enquanto há beleza e assim que as flores murcham, jogamos fora.

A intimidade no casamento é como uma planta. Precisa de cuidados intencionais e constantes para sobreviver. Por isso os primeiros anos do casamento são essenciais para a vida a dois. Quanto mais é investido na intimidade espiritual, emocional e física do casal, mais benefícios eles colherão nos anos seguintes. É algo tão importante que havia um mandamento específico para o casal hebreu recém-casado.

UM MANDAMENTO PARA RECÉM-CASADOS

> Um homem recém-casado não sairá à guerra, nem lhe será imposto qualquer encargo. Durante um ano ficará livre em casa e fará feliz a mulher com quem se casou (Deuteronômio 24:5).

Esse é um versículo surpreendente, não é mesmo? Apesar de tão prático para o início do casamento, é muito difícil vê-lo sendo ensinado para noivos e recém-casados. Porém, o princípio encontrado aqui salvaria diversos casamentos que começam a ruir nos primeiros anos.

Essa passagem está contextualizada entre diversas leis que abrangem casos específicos do povo de Deus. O versículo que destacamos vem imediatamente após uma lei que coloca ordem na bagunça causada pelo divórcio (Deuteronômio 24:1-4).[1]

Como um conselho prático para se evitar o divórcio, o versículo 5 aponta para um caminho melhor: invista desde cedo na intimidade do casamento, para não precisar se preocupar com os versículos de 1 a 4!

"UM HOMEM RECÉM-CASADO NÃO SAIRÁ À GUERRA"

O contexto de Deuteronômio 24 abrange leis que protegem a propriedade. Então, em certo sentido, o homem recém-casado, sem filhos, que fosse à guerra e morresse, deixaria sua propriedade exposta. Isso fica mais claro em outra passagem, Deuteronômio 20:7, onde aplica esse mesmo princípio aos noivos:

---

[1] "Se um homem tomar uma mulher e se casar com ela, e se ela não for agradável aos seus olhos, por ter ele achado coisa indecente nela, e se ele escrever uma carta de divórcio e a entregar à mulher, e a mandar embora; e se ela, saindo da casa dele, for e se casar com outro homem; e se este passar a odiá-la, e escrever uma carta de divórcio e a entregar à mulher, e a mandar embora de sua casa ou se este último homem, que a tomou para si por mulher, vier a morrer, então o primeiro marido dessa mulher, que a mandou embora, não poderá casar-se de novo com ela, depois que foi contaminada, pois é abominação diante do Senhor. Assim, vocês não farão pecar a terra que o Senhor, seu Deus, lhes dá por herança" (Deuteronômio 24:1-4).

> Existe aqui entre nós algum homem que contratou casamento com uma mulher e ainda não a recebeu como esposa? Vá, volte para casa, para que não morra na batalha, e outro homem a receba como esposa.

Há também a ideia de que o homem não corra o risco de morrer em uma guerra antes de ter filhos que preservarão o seu nome, algo valorizado naquele contexto (veja Deuteronômio 25:5-10). Por outro lado, a lei também protege o homem de ficar longe da esposa por muito tempo logo no começo do casamento. Imagine quanto tempo levava ao deslocamento até o lugar da batalha e o tempo da guerra naquela época.

Hoje mesmo, militares podem ficar meses e até anos longe de casa. Um dos vídeos que eu mais gosto de assistir na internet (e o algoritmo sabe disso), e choro toda vez que assisto, é sobre o reencontro surpresa de soldados americanos com suas famílias. Tempo longe da família afeta a todos.

Agora imagine os efeitos desse tempo de afastamento para recém-casados! Talvez o homem marcado por traumas da guerra, totalmente mudado, reencontrando sua esposa que agora mal o conhece (lembre-se de que as formas de se comunicar eram precárias na época do Antigo Testamento e não havia chamadas de vídeo). Sem terem tido tempo de criar um alicerce sólido e profundo, provavelmente teriam problemas sérios no casamento e seriam alvos dos versículos 1 a 4.

Deus, sabendo que o início do casamento é fundamental, deixou essa lei para o seu povo: "Recém-casados, invistam fortemente no casamento antes de arriscarem suas vidas!"

Aplicando o princípio dessa lei aos nossos dias, casais no início do casamento devem evitar ficar longe um do outro por muito tempo. Viagens longas onde marido e mulher ficam separados devem ser evitadas. E, de certa forma, à luz desse princípio, práticas que colocam a vida em risco desnecessariamente, também deveriam ser consideradas pelo casal.

Os primeiros anos devem ser planejados intencionalmente para o casal crescer junto espiritual, emocional e fisicamente.

"A UM HOMEM RECÉM-CASADO NÃO LHE SERÁ IMPOSTO QUALQUER ENCARGO"

A expressão "qualquer encargo" pode se referir às responsabilidades comunitárias na vida civil ou religiosa. Isso aponta para uma preocupação além dos descendentes. Sabemos que é possível gerar filhos em um contexto em que se fica pouco em casa. Logo, o princípio parece enfatizar o cuidado com o relacionamento do casal, pois, embora seja possível ter filhos, não é possível desenvolver uma intimidade espiritual, emocional e até fisicamente sadia e profunda, se o homem passa a maior parte da semana ocupado demais com "qualquer encargo".

Se isso já era uma preocupação em uma cultura agropecuária, familiar, onde todos estavam em casa ao escurecer, imagine nos dias de hoje, em uma cultura ativista e regada a energético em horas extras. O princípio aplicado aos nossos dias, então, deve ser o cuidado do casal em não ocupar sua agenda semanal com cursos, trabalhos, ministérios e compromissos não essenciais.

Uma forma de priorizar o que é essencial no começo do casamento seria colocar na agenda o compromisso um com o outro de reservar noites, finais de semana e períodos de férias para um investimento intencional no relacionamento. Passeios, devocionais juntos, autoavaliação, alinhamento de expectativas, jantares especiais e viagens a dois (quem sabe, uma segunda, terceira ou quarta lua de mel!).

Essas práticas não implicam em abandonar o resto da vida (trabalho, estudos e igreja) mas o princípio aqui é não assumir encargos desnecessários que ocuparão e afastarão o casal nesse período de início do casamento. A prioridade do primeiro ano de casamento é se aprofundar na intimidade com o cônjuge. Por isso o casal deve avaliar bem o envolvimento em ministérios na igreja que comprometerão todos os finais de semana e poderão deixá-los cansados demais para se dedicarem um ao outro.

"O HOMEM RECÉM-CASADO DURANTE UM ANO FICARÁ LIVRE EM CASA"

O "livre" se refere ao que foi falado anteriormente: livre da obrigação militar e de quaisquer outros encargos que não os normais. O período de um ano era um parâmetro de tempo para solidificar o casamento. Tempo para as adaptações da vida a dois. Para criarem seus hábitos e tradições.

Um ano também era um bom tempo para eles terem o primeiro filho, realizando assim a felicidade da esposa (em um contexto em que a maternidade era a glória da mulher), consolidando um herdeiro e a continuação do nome, como já discutimos anteriormente. (Trataremos mais adiante o "timing" do planejamento familiar à luz das Escrituras).

Aplicando aos nossos dias, vemos mais uma vez a importância da intencionalidade do casal em planejar os primeiros anos para estabelecerem uma rotina espiritual (culto doméstico, leituras, prestação de contas), emocional (saber o que se passa com o outro só de olhar), física (cuidar bem um do outro e conhecer sexualmente um ao outro) e em outras áreas, como financeira e ministerial. Pense como seriam os casamentos se todos os casais começassem assim!

"O HOMEM RECÉM-CASADO FARÁ FELIZ A MULHER COM QUEM SE CASOU"

Mais uma vez a Palavra de Deus nos surpreende com sua sabedoria! Enquanto os versículos anteriores lidam com o pecado do homem de tratar a mulher como um objeto, aqui ela dá o padrão divino: o marido não deve desprezar sua esposa, pelo contrário, deve se dedicar à felicidade dela!

Nas Escrituras encontramos o modelo perfeito, do próprio Cristo, deixado aos maridos: "Maridos, que cada um de vocês ame a sua esposa, como também Cristo amou a igreja e se entregou por ela, para que a santificasse, tendo-a purificado por meio da lavagem de água pela palavra, para a apresentar a si mesmo como igreja gloriosa, sem mancha, nem ruga, nem coisa semelhante, porém santa e sem defeito" (Efésios 5:25-27).

Podemos entender a felicidade da esposa como o cuidado com ela na adaptação à nova vida. Em um contexto em que a mulher deixava sua família para viver com a família do marido, um período de adaptação era essencial, onde ela seria protegida por seu esposo no processo de ser aceita na rotina da nova família. O homem deveria estar atento a esse cuidado e dedicado a isso.

Outro significado é o período dedicado para gerar um herdeiro. Como já mencionamos, a maternidade era uma realização para as mulheres da época.

Encontramos esse princípio de agradar a esposa em 1Coríntios 7:33, onde Paulo contrasta a preocupação do solteiro com o casado: "Mas o que se casou cuida das coisas do mundo, de como agradar à esposa".

Na literatura de sabedoria, em Eclesiastes 9:9, vemos também que desfrutar do prazer do casamento, ter felicidade em sua esposa, é uma benção de Deus: "Aproveite a vida com a mulher que você ama, todos os dias dessa vida fugaz que Deus lhe deu debaixo do sol, porque esta é a parte que lhe cabe nesta vida pelo trabalho com que você se afadigou debaixo do sol".

Aplicando aos dias de hoje, onde o ativismo é mais valorizado do que o prazer nas alegrias da vida como o casamento, o casal recém-casado deve ter o cuidado de dedicar-se ao prazer do convívio um com o outro. Especificamente o marido, como pastor e líder do lar, deve ser o condutor desse processo. Ele deve proteger a agenda da família e ser intencional na promoção da felicidade de sua esposa. Até certo ponto podemos afirmar: uma esposa infeliz é uma vergonha para seu marido.

O princípio não é um ano de sabático pessoal, mas um período em que os dois investirão na intimidade um com o outo. É um princípio motivado pelo amor e não pelo egoísmo.

CONCLUSÃO

Se você é um recém-casado, louve a Deus pelo privilégio de ser alertado a tempo. Seja intencional e intenso no esforço de começar bem! Coloque em prática os princípios bíblicos destacados neste livro. Se você já é casado(a) há um tempo e está com aquele sentimento de "se me tivessem dito antes"; não se lamente, mas invista em um recomeço. Conversem como casal em como podem aplicar esses princípios para que sejam de correção do passado e um alicerce para o futuro. É inclusive uma boa desculpa para uma nova lua de mel!

Esses são os conselhos que Pedro e Sueli precisavam ouvir. Pela graça de Deus, fizeram uma correção de rota, através de algumas decisões difíceis de reduzir alguns compromissos já assumidos. Inscreveram-se no retiro de casais da igreja e estabeleceram algumas rotinas para terem mais tempo juntos. Parece que novamente pensam em viver felizes e juntos para todo sempre.

A LIÇÃO PRINCIPAL

O casal sábio dedica seu primeiro ano de casamento um ao outro, visando um fundamento feliz para o futuro do lar.

PARA DISCUSSÃO

1. Quais planos vocês fizeram para o primeiro ano do casamento? Se não fizeram, o que poderiam incluir nesse planejamento para aplicar o princípio de Deuteronômio 24:5?
2. Quais são os riscos (trabalho, estudos, ministérios, séries, celular) para desenvolverem sua intimidade espiritual, emocional e física? Como podem eliminar esses riscos?
3. O que podem fazer nessa semana para se aprofundarem em intimidade?
4. Pensem em uma agenda semanal (com coisas simples, como uma noite para culto doméstico, outra noite para assistir um filme juntos), mensal (com planos mais elaborados como um passeio em um final de semana ou feriado) e anual (com planos mais sofisticados como retiro de casais, férias a dois, leitura de livros sobre casamento) que contribua para o crescimento da intimidade de vocês.

RECURSOS

- *15 lições para transformar seu casamento*, de David e Carol Sue Merkh, Hagnos, 2020.

YOUTUBE – PALAVRA E FAMÍLIA

- O ciclo de vida do amor – Cantares
https://www.youtube.com/watch?v=025toN2ddGw.

2

DAVID MERKH

UMA FAMÍLIA PERFEITA? GRAÇA OU DESGRAÇA NO LAR

VINDO DE UMA FAMÍLIA muito atribulada nos Estados Unidos, sempre sonhei em ter uma família perfeita. Procurava por modelos que eu poderia seguir no namoro, noivado e casamento. Quando adolescente, li o único livro sobre o lar cristão disponível na biblioteca da nossa pequena igreja naquela época.

Foi esse sonho que me trouxe até o Brasil pela primeira vez em 1980, numa espécie de "estágio familiar". Meu colega de futebol na universidade, que fora criado no Brasil, tinha falado muito da sua família, que era missionária em Atibaia, São Paulo, desde 1963. Eu me encantei enquanto ele falava sobre as tradições familiares, o culto doméstico, os concílios familiares e os filhos envolvidos no ministério dos pais. (Confesso que fiquei ainda mais encantado quando me mostrou a foto da sua irmã, que era dois anos mais jovem que ele).

Naquela viagem transformadora, Deus me deu uma paixão pelo Brasil, pelo povo brasileiro, pela obra do evangelho, que crescia e tornava o Brasil um celeiro de missionários, e, acima de tudo, pela família do meu amigo. E, no fim, ele também me deu a permissão para namorar sua irmã, por quem eu havia me apaixonado, e que hoje é minha esposa há mais de quatro décadas.

Mas Deus também me deu a graça de descobrir que uma família perfeita não é o alvo. Naquela visita encontrei uma família modelo, mas não perfeita. Uma família perdoada e perdoadora. Uma família não caracterizada pela desgraça que eu havia visto em tantas outras, mesmo na igreja, mas que sabia viver pela graça de Jesus. Uma família que exalava o bom perfume da vida de Jesus, apesar das suas falhas e fraquezas.

NENHUMA FAMÍLIA PERFEITA

Apesar dos sonhos encantados de muitos noivos, a família perfeita não existe e nunca existiu, pelo menos depois que o pecado se intrometeu na história humana. Todas as nossas famílias são compostas de pecadores: "Pois todos pecaram, e carecem da glória de Deus" (Romanos 3:23). O título do excelente livro escrito por Dave Harvey resume bem o problema: "Quando pecadores dizem 'sim'".[1] Assim como caçadores caçam e pescadores pescam, pecadores pecam. E o pecado dói! Se não desenvolvermos famílias onde a graça, e não a desgraça, reine, nossos lares estarão fadados ao fracasso.

Então devemos desistir da família? Não! Mesmo que não seja possível ter uma família perfeita, ainda podemos sonhar em formar famílias caracterizadas pela graça e não desgraça.

DESGRAÇA NO LAR

O dicionário define "desgraça"[2] como:

1. Conjunto de ou tendência para circunstâncias maioritariamente negativas; azar, infelicidade, infortúnio.
2. Miséria; angústia.
3. O que é muito mau ou detestável.

Ninguém se casa sonhando em ter uma família "miserável, infeliz, detestável ou azarada". Mas, infelizmente, esse é o fim de muitos lares. Quais as características de uma família desgraçada?

- Cada cônjuge exige que o outro satisfaça seus próprios desejos.
- Felicidade, e não santidade, constitui o alvo do matrimônio.
- A atmosfera do lar é caracterizada por caos, confusão, bate-bocas e mau humor.
- Os membros dificilmente admitem seus erros e nunca pedem perdão.

---

[1] HARVEY, Dave. *Quando Pecadores Dizem "Sim"*.
[2] DESGRAÇA. In: *Dicionário Priberam da Língua Portuguesa* (online).

- As pessoas esperam ser servidas em vez de servirem espontaneamente umas às outras.
- Falhas do passado são trazidas à tona muito tempo depois de serem tratadas.
- Pessoas são aceitas (ou não) de acordo com sua performance.
- O temor aos homens leva a uma vida em que máscaras douradas escondem o verdadeiro "eu".
- Ira leva para ressentimentos que se transformam em mágoas.

GRAÇA NO LAR

Como pode o casal construir fundamentos sólidos para evitar um lar desmoronado e desgraçado? A resposta está na graça de Deus manifestada em Cristo Jesus.

De forma resumida, a palavra "graça" tem sido definida como "favor não merecido". A salvação (o favor de Deus) é um presente que Deus dá para nós (os que não merecem) pelos méritos de Cristo: "Porque o salário do pecado é a morte, mas o dom gratuito de Deus é a vida eterna em Cristo Jesus, nosso Senhor (Romanos 6:23). "Porque pela graça vocês são salvos, mediante a fé (...) não de obras" (Efésios 2:8,9).

Uma vez agraciados por Deus com o perdão dos pecados, ficamos livres para tratar outros com a mesma graça que nós mesmos recebemos: "Que não haja no meio de vocês qualquer amargura, indignação, ira, gritaria e blasfêmia, bem como qualquer maldade. Pelo contrário, sejam bondosos e compassivos uns para com os outros, perdoando uns aos outros, como também Deus, em Cristo, perdoou vocês" (Efésios 4:31,32).

Essa é a vida cristã, ou seja, a vida de Cristo vivida em nós e através de nós. Somente Cristo pode viver a vida *cristã*, pois é a vida dele, e ele quer viver essa vida por meio de nós: "(...) estou crucificado com Cristo; logo, já não sou eu quem vive, mas Cristo vive em mim. E esse viver que agora tenho na carne, vivo pela fé no Filho de Deus, que me amou e se entregou por mim" (Gálatas 2:19,20).

Mas como é a vida de Cristo? O evangelho de Marcos nos oferece um resumo: "Pois o próprio Filho do Homem não veio para ser servido, mas para servir e dar a sua vida em resgate por muitos" (Marcos 10:45). A vida de Jesus foi uma vida totalmente outrocêntrica e não egocêntrica.

Pensar no outro acima de si mesmo vai contra a natureza humana. Adão certamente só pensava em si no jardim do Éden, quando, para salvar a sua pele, expôs Eva a uma morte fulminante diante de Deus (Gênesis 3:7-14). Mas Cristo Jesus, o último Adão, entregou a sua vida para salvar a sua noiva, a igreja. Por isso, o apóstolo Paulo chama homens para amar a suas esposas "como também Cristo amou a igreja e se entregou por ela" (Efésios 5:25).

> Não façam nada por interesse pessoal ou vaidade, mas por humildade, cada um considerando os outros superiores a si mesmo, não tendo em vista somente os seus próprios interesses, mas também os dos outros. Tenham entre vocês o mesmo modo de pensar de Cristo Jesus, que, mesmo existindo na forma de Deus, não considerou o ser igual a Deus algo que deveria ser retido a qualquer custo. Pelo contrário, ele se esvaziou, assumindo a forma de servo, tornando-se semelhante aos seres humanos (...) (Filipenses 2:3-8).

Ser gracioso para com alguém que sempre nos trata com bondade, consideração e gentileza não é graça, mas a devolução de favor e consideração. O desafio da graça é servir como canal de bênção na vida de alguém que nos maltrata, manipula ou machuca. Quando o cônjuge nos ofende, ou se esquece de fazer algo que pedimos, acorda mal-humorado, deixa suas roupas sujas espalhadas pela casa, deixa restos de pasta de dente em cima da pia... nesses momentos podemos permitir que o outrocentrismo de Cristo seja manifestado em nossas atitudes, ações e palavras.

Uma família onde a graça reina tem características bem diferentes que a família desgraçada:

- Cada cônjuge visa abençoar o outro, mesmo que suas próprias expectativas nem sempre sejam atingidas.
- Santidade, e não felicidade, constitui o alvo do matrimônio.
- A atmosfera do lar é caracterizada por paz, ordem, bondade e bom humor.

Ser gracioso para com alguém que sempre nos trata com bondade, consideração e gentileza não é graça, mas a devolução de favor e consideração. O desafio da graça é servir como canal de bênção na vida de alguém que nos maltrata, manipula ou machuca.

- Os membros admitem seus erros e pedem perdão quando pecam.
- As pessoas servem umas às outras de forma espontânea e feliz.
- Falhas do passado nunca são trazidas à tona depois de serem tratadas.
- Pessoas são aceitas, amadas e perdoadas incondicionalmente e não de acordo com sua performance.
- A liberdade dada pela graça e aceitação de Deus leva cada um a uma vida sem máscaras, onde prevalecem a vulnerabilidade e a disposição de ouvir críticas e palpites.
- Ira é tratada com rapidez para não criar brechas que o diabo pode aproveitar para afastar o casal um do outro.

O fundamento de uma família feliz tem que ser a graça de Jesus, em nós e através de nós. Qualquer outro fundamento eventualmente será ruído pelo egoísmo, pelos atritos e pelas tempestades inevitáveis da vida.

ABRAÇANDO O PERDÃO

Você e seu cônjuge estão construindo seu lar sobre esse fundamento de graça e perdão, pela obra de Cristo? Como recebem esse perdão? Há alguns passos simples e básicos, mas essenciais, claramente traçados na Palavra de Deus:

1. **Reconhecer sua necessidade de perdão.** O padrão de Deus é alto. A Bíblia nos diz: "Portanto, sejam perfeitos como é perfeito o Pai de vocês, que está no céu" (Mateus 5:48). Sabemos que esse padrão está infinitamente além do nosso alcance, pois "todos pecaram, e carecem da glória de Deus" (Romanos 3:23). Pecar significa errar o alvo. Todos nós erramos o alvo de perfeição estabelecido por Deus. Quebramos a lei de Deus. Somos culpados.
2. **Reconhecer que você está perdido sem o perdão de Deus.** Deus também diz, "O salário do pecado é a morte..." (Romanos 6:23). Infelizmente, muitas pessoas hoje estão mais preocupadas com paz, prosperidade e poder do que com o perdão dos seus pecados. São como passageiros de um navio naufragado, descendo até as profundezas do mar, preocupados em resgatar roupas, cosméticos

e joias em vez de clamar por um salva-vidas! Sem o perdão de Deus estamos perdidos, destinados à morte eterna.

3. **Somente através do sacrifício de Jesus é que somos perdoados por Deus:** "Aquele (Jesus) que não conheceu pecado, Deus o fez pecado por nós; para que nele fôssemos feitos justiça de Deus (2Coríntios 5:21). "Porque Deus amou o mundo de tal maneira que deu o seu Filho unigênito, para que todo o que nele crê não pereça, mas tenha a vida eterna" (João 3:16). "Agora, pois, já não existe nenhuma condenação para os que estão em Cristo Jesus" (Romanos 8:1). Jesus sofreu o castigo de uma separação infinitamente dolorosa do seu Pai, para que nós não tivéssemos que sofrer uma separação eterna dele. A justa ira de Deus contra meu pecado caiu sobre Jesus. Ele absorveu o aguilhão do pecado, que é a morte em meu lugar.

4. **A ressurreição de Jesus concede nova vida.** A morte não pôde segurar o Filho de Deus! Sua ressurreição prova de uma vez por todas que os pecados realmente podem ser perdoados: "Cristo morreu pelos nossos pecados (...) e ressuscitou (...)" (1Coríntios 15:3,4). Se sequer um pecado tivesse ficado na conta de Jesus, ele não teria ressuscitado e eu nunca poderia ter certeza do perdão.

5. **Somente quando confiamos exclusivamente em Cristo é que recebemos o perdão dos pecados.** "Porque pela graça vocês são salvos, mediante a fé; (...) não de obras (...)" (Efésios 2:8,9). "Creia no Senhor Jesus e você será salvo" (Atos 16:31). "Para que todo o que nele crê não pereça, mas tenha a vida eterna" (João 3:16). Crer em Cristo significa lançar sobre ele todo o seu pecado, a sua esperança pelo perdão e um destino no céu. Não somente acreditar que existe um bote salva-vidas, mas entrar nele! Crer significa encontrar-se diante do abismo do inferno – o justo destino dos pecadores rebeldes – e lançar-se sobre a única ponte que é Cristo Jesus. Aquele passo de fé sobre o abismo com esperança em Cristo une dois elementos essenciais para a salvação: arrependimento (virando as costas para tudo em que confiava antes) e fé (confiança única e exclusiva em Cristo Jesus e somente no perdão de Cristo). Sendo assim, ele é glorificado e o Pai fica satisfeito.

Todos que procuram salvar a si mesmos pelas suas boas obras são eternamente enganados. Deus não compartilha sua glória com ninguém e não permitirá que pecadores arrogantes se vangloriem no céu como se a salvação fosse obra deles.

OPORTUNIDADE IMPERDÍVEL

O que você faz com seu pecado determinará seu destino eterno! Há somente duas opções: abraçar o perdão oferecido pela obra de Jesus em sua morte e ressurreição como pagamento do seu pecado, ou pagar, você mesmo, o castigo de uma eternidade separado do Criador. Não se paga pelo mesmo crime duas vezes; ou você aceita o pagamento que Jesus fez quando declarou na cruz "está pago", ou você mesmo tenta pagar durante toda a eternidade. Esse é o evangelho de Cristo: "Quem ouve a minha palavra e crê naquele que me enviou tem a vida eterna, não entra em juízo, mas passou da morte para a vida" (João 5:24).

Quem nunca sondou as profundezas da sujeira do seu próprio coração, nunca se viu como miserável pecador e nunca experimentou o perdão total em Cristo Jesus não será capaz de tratar outros com graça. Será um juiz, intolerante, implacável, arrogante e orgulhoso. Mas aquele que vive como perdoado será capaz de estender, pelo Espírito de Deus, graça aos que convivem com ele.

E a família? Pela graça de Deus podemos evitar a desgraça que tantos lares experimentam hoje. Nossos sonhos podem se realizar – não de uma família perfeita, mas de uma família feliz, que vive a vida outrocêntrica de Cristo.

A LIÇÃO PRINCIPAL

A boa nova do evangelho de Cristo nos dá esperança de termos famílias não perfeitas, mas perdoadas e cheias de graça.

PARA DISCUSSÃO

1. Por que a ideia de um casamento outrocêntrico é tão distante do pensamento da maioria dos casais hoje? Como esse conceito poderia modificar expectativas e ações no lar?

2. Como você identificaria uma família onde a desgraça reina? Quais as características de uma família desgraçada?
3. Como você identificaria uma família onde a graça reina? Quais as características dessa família?
4. Qual a diferença entre uma família *perfeita* e uma família *perdoada?* Por que o perdão pela graça é absolutamente fundamental para o sucesso de uma família?

RECURSOS

- *Quando pecadores dizem "sim",* de Dave Harvey, Fiel, 2009.
- *O significado do casamento, de* Timothy e Kathy Keller, Vida Nova, 2012.
- *Casamento sagrado, de* Gary Thomas, Esperança, 2022.

YOUTUBE – PALAVRA E FAMÍLIA

- Família em que reina a graça
https://www.youtube.com/watch?v=pCgYtPtBdws

- Graça ou desgraça no lar
https://www.youtube.com/watch?v=twWArT1AlLw

- A tragédia do pecado e o triunfo da Graça
https://www.youtube.com/watch?v=Qvh2UkmxaZk&t=21s

3

DAVID MERKH[1]

PECAR É HUMANO... MAS COMO PERDOAR?

---

[1] O conteúdo deste capítulo, com adaptações e acréscimos, primeiro apareceu em MERKH, David J. Comentário Bíblico: Lar, família e casamento (São Paulo, Hagnos, 2019).

"NUNCA VOU perdoá-lo!"**.** As palavras da Bela pairavam no ar como nuvens pretas. Vitor, seu marido, continuou mudo, encurralado em seu canto do sofá, mas como um vulcão dormente. Meses de ressentimentos, brigas, palavras ásperas e críticas entre o casal estavam a ponto de explodir.

Como chegaram a esse momento? Somente nove meses antes, numa cerimônia linda com a presença de dezenas de familiares e amigos, eles haviam prometido amor eterno "até que a morte os separasse". Mas parecia que o relacionamento já tinha morrido, vítima de um dos maiores assassinos de casamentos em nossos dias: as mágoas.

MÁGOAS NO LAR

Mágoa é uma forma de ira crônica que guarda rancor até explodir, detonando a vida de pessoas e destruindo relacionamentos. Como já vimos, todos nós, seres humanos, somos pecadores, e pecadores têm um hábito desagradável: pecam. Pecar certamente é humano e natural. Perdoar é divino. É algo sobrenatural. Somente os perdoados conseguem perdoar de coração.

Se não aprendermos a lidar com as ofensas inevitáveis em todos os relacionamentos humanos, esses relacionamentos estarão fadados ao fracasso. Sem o perdão, nunca teremos uma família feliz, e ressentimentos e ira ficarão submersos debaixo da superfície do lar.

Certa vez alguém comentou: "Guardar mágoas é como tomar veneno e esperar que seu inimigo morra...". Infelizmente, quem morre é a pessoa magoada, fato amplamente apoiado pela ciência. Muito embora o perdão tenha um efeito positivo e saudável na vida da própria pessoa que perdoa, este não é o motivo bíblico para o perdão e, sim, o amor de Deus derramado em nossos corações, que nos proporciona um perdão infinito que precisa ser repartido para outros.

É isso que o apóstolo Paulo diz em Efésios 4:31,32: "Que não haja no meio de vocês qualquer amargura, indignação, ira, gritaria e blasfêmia, bem como qualquer maldade. Pelo contrário, sejam bondosos e compassivos uns para com os outros, perdoando uns aos outros, como também Deus, em Cristo, perdoou vocês".

DIFÍCIL DEMAIS?

Talvez alguém pense: "É fácil dizer, difícil é fazer. Você não sabe o que eu sofri. Como posso perdoar?". Há razão nesse pensamento, afinal, o perdão não é nada natural para o ser humano.

Somos todos vítimas do pecado de outros. Seja uma fofoca, mentira, traição (real ou virtual), uma separação ou divórcio, um filho rebelde, maus tratos na infância, abuso sexual, sogros intrometidos, um colega insuportável, patrão injusto, clientes inadimplentes, assaltantes, estupradores e assassinos. Como perdoar em situações tão difíceis como essas?

O perdão é algo *sobrenatural*, pois foge de todas as tendências naturais do ser humano. Justamente por isso constitui-se numa das evidências mais claras de uma vida transformada por Deus.

Existe um paradoxo triste quando se trata das mágoas. Normalmente sentimos mágoas de pessoas outrora amigas e até íntimas. Alguém pode ficar indignado diante de uma chacina no Rio de Janeiro ou um atentado terrorista em Gaza. Mas, normalmente, as pessoas não perdem sono por causa disso. No entanto, basta um ex-cônjuge atrasar com o pagamento da pensão, um cunhado levar uma porção maior da herança que lhe é devido ou um parente intrometer-se na educação dos nossos filhos para a pessoa ficar horas a fio com adrenalina pulsando pelas veias e olhos fitos no teto até alta madrugada.

A dura realidade é que a família se assemelha a uma toca de porcos-espinhos. Quanto mais se seus membros se aproximam um do outro, mais espetadas levam. A intimidade implica em vulnerabilidade. Se não aprendermos a lidar com a dor do pecado, nossos relacionamentos estarão destinados ao fracasso!

O perdão é algo *sobrenatural*, pois foge de todas as tendências naturais do ser humano. Justamente por isso constitui-se numa das evidências mais claras de uma vida transformada por Deus.

MATEUS: O EVANGELHO DO PERDÃO

O evangelho de Mateus apresenta Jesus como o legítimo rei não somente dos judeus, mas do mundo. Através de discursos reais intercalados com milagres surpreendentes, Mateus atesta a legitimidade de Jesus como herdeiro ao trono de Davi. O clímax do livro, e versículo chave dele, acentua essa mensagem quando o Cristo ressurreto declara: "Toda a autoridade me foi dada no céu e na terra. Portanto, vão e façam discípulos [i.e. súditos] de todas as nações, batizando-os em nome do Pai, e do Filho, e do Espírito Santo, ensinando-os a guardar todas as coisas que tenho ordenado a vocês. E eis que estou com vocês todos os dias até o fim dos tempos" (Mateus 28:18-20).

Uma das preocupações daquele livro diz respeito ao relacionamento entre os cidadãos do Reino, ou seja, os irmãos em Cristo. Uma das principais marcas que distingue um súdito do reino de Jesus e membro da família de Deus é o perdão. Quatro vezes em Mateus, Jesus ensinou seus discípulos sobre o padrão de perdão em seu Reino, culminando na "Parábola do Servo não perdoador" em Mateus 18:21-35. Aprendemos muitas lições sobre o perdão em cada um desses textos, lições fundamentais para o início de um relacionamento conjugal, como no caso de Bela e Vitor.

DEIXE DIANTE DO ALTAR: MATEUS 5:23-26

Em Mateus, a primeira vez que Jesus tratou do perdão encontra-se no "sermão do monte". Ali, Ele deixa claro que, em seu Reino, relacionamentos são mais importantes que religião: "Portanto, se você estiver trazendo a sua oferta ao altar e lá se lembrar que o seu irmão tem alguma coisa contra você, deixe diante do altar a sua oferta e vá primeiro reconciliar-se com o seu irmão; e então volte e faça a sua oferta" (Mateus 5:23,24).

O cenário que Jesus descreve retrata a oferta levada para o templo em Jerusalém, três vezes ao ano. Deixar a oferta e voltar para pedir perdão ao irmão ofendido poderia significar dias, ou até semanas, de viagem de volta para casa, se o irmão ofendido não estivesse em Jerusalém.

A mensagem fica clara: relacionamentos valem mais que religião. O Deus soberano não precisa das nossas bugigangas religiosas, mas quer relacionamentos acertados entre seus filhos.

Dizer "você me perdoa" fica entre as palavras mais difíceis da língua portuguesa. Note que "pedir perdão" é muito mais difícil que "pedir desculpas", tanto emocional como linguisticamente. "Desculpa" se pede por acidentes onde não havia intenção de errar. "Perdão" se pede por pecado. Na família de Deus, pedir perdão é muito mais humilhante, mas por isso já faz parte do processo de restauração e a não-repetição do erro.

PERDOA-NOS... ASSIM COMO TAMBÉM PERDOAMOS: MATEUS 6:12, 14, 15

A segunda vez que Jesus tratou do perdão, ainda no "sermão do monte", encontra-se na famosa oração do Pai Nosso. Inserida no meio da oração modelo encontramos a frase: "e perdoa-nos as nossas dívidas". Receber o perdão do pecado constitui-se numa das maiores bênçãos possíveis para o ser humano, como afirmam os salmistas:

> Bem-aventurado aquele cuja transgressão é perdoada, cujo pecado é coberto. Bem-aventurado é aquele a quem o Senhor não atribui iniquidade, e em cujo espírito não há engano (Salmos 32:1,2).

> Bendiga, minha alma, o Senhor, e não se esqueça de nem um só de seus benefícios. Ele é quem perdoa todas as suas iniquidades (Salmos 103:2,3a).

Infelizmente, muitas pessoas passam rapidamente sobre a próxima frase do Pai Nosso, que condiciona o pedido por perdão assim: "Perdoa-nos as nossas dívidas *assim como nós perdoamos aos nossos devedores*" (Mateus 6:12b). Ou seja, a medida do perdão solicitado é proporcional ao perdão concedido!

Talvez por isso, Jesus "anexe" uma explicação como um P.S. do Pai Nosso. Depois do "amém" final, ele acrescenta "Porque se perdoarem aos outros as ofensas deles, também o Pai de vocês que está no céu perdoará vocês; se, porém, não perdoarem aos outros as ofensas deles, também o Pai de vocês não perdoará as ofensas de vocês"

(Mateus 6:13-15). Longe de ensinar que o perdão (salvação) depende da obra de nós perdoarmos nossos devedores (que contrariaria Efésios 2:8,9), o texto sugere que uma das principais evidências de uma conversão genuína é a prática do perdão.

VÁ ATÉ SEU IRMÃO: MATEUS 18:15-20

Jesus trata do perdão pela terceira vez quando esboça os passos de restauração (disciplina) de um irmão em pecado. O texto lida com uma situação invertida do que Jesus já tratou em Mateus 5:23-26. Naquele texto, o ofertante lembra de que *ele* pecou contra seu irmão e por isso *ele* vai ao encontro do ofendido para pedir perdão. Só que, em Mateus 18, é a pessoa ofendida que precisa ir ao encontro de quem a ofendeu. Parece-nos injusto. Mas entendemos uma mensagem importante: A primeira pessoa a reconhecer que existe um relacionamento fraturado na família (de Deus) deve procurar a outra para tirar as barreiras. O resto do texto (18:16-20) traça os passos de restauração, caso aquele irmão não dê ouvidos à repreensão.

A PARÁBOLA DO SERVO NÃO PERDOADOR

Depois de todo esse contexto em que Jesus ressalta a centralidade do perdão em seu Reino, finalmente chegamos no texto principal sobre o assunto, em Mateus 18:21-35, a Parábola do Servo não Perdoador.

A história

> Então Pedro, aproximando-se, perguntou a Jesus: Senhor, até quantas vezes meu irmão pecará contra mim, que eu lhe perdoe? Até sete vezes? Jesus respondeu: Não digo a você que perdoe até sete vezes, mas até setenta vezes sete (Mateus 18:21,22).

Depois de tanto ensino sobre perdão, pelo menos um dos discípulos, Pedro, *acha* que ele já entendeu o recado. Percebemos em sua pergunta (18:21) uma referência direta à última situação tratada por Jesus – um irmão que pecou contra mim. Podemos imaginar Pedro, sorridente, esperando uma estrela dourada do seu professor da Escola Bíblica

Dominical, Jesus. Afinal de contas, Pedro foi ao extremo quando sugeriu que se deveria perdoar sete vezes, enquanto os rabinos ensinavam que o limite do perdão era três vezes.[2]

Diante do ensino de Jesus, Pedro entende a importância que o perdão tem em seu Reino. Por isso ele dobra o padrão dos rabinos e ainda acrescenta um para chegar ao número da perfeição, sete, enquanto espera os "parabéns" do Mestre.

70 X 7

Jesus responde: "Não digo a você que perdoe até sete vezes, mas até setenta vezes sete" (18:22).[3] Ele usa uma hipérbole para, mais uma vez, ressaltar a seriedade do perdão. A ideia não é numerar as ofensas: 488, 489, 490! Jesus nos ensina que o perdão tem que ser sem limite. Ou seja, se você está contando, não está perdoando!

O leitor cuidadoso reconhece no texto uma alusão às palavras perversamente poéticas de Lameque, em Gênesis 4:23,24, com as quais ele se gaba por ter matado alguém que o feriu:

> Se Caim é vingado sete vezes, Lameque será vingado setenta vezes sete.

Jesus inverte a inclinação natural do ser humano de vingança ilimitada com sua mensagem sobrenatural de perdão ilimitado!

Tão difícil é para nós compreendermos tamanho perdão, que Jesus conta uma história, ou seja, uma parábola, que nos ajuda a passar da "teoria" do perdão para a prática. Originalmente a palavra "parábola" transmite a ideia de "lançar ao lado". Mediante uma parábola, um

---

[2] Parece que Pedro cita o número de perfeição, sete, para extrapolar o padrão do perdão da época. Os rabinos ensinavam, à luz do profeta Amós, que o limite do perdão divino era três vezes: "Por três transgressões de [determinada nação], sim por quatro, não suspenderei o castigo..." (Amós 1,2). O pensamento comum era: "Se Deus só perdoa até três vezes, quem sou eu para perdoar mais?".

[3] Há dúvidas sobre a tradução do termo grego que pode se referir a setenta *ocorrências* mais sete, ou seja, 77 vezes, ou setenta *vezes sete*, ou seja, 490 vezes. Várias versões da Bíblia (NVI, NVT, Século XXI, por exemplo) apresentam "setenta vezes sete" no texto e, na margem ou nota de rodapé, "setenta e sete vezes". Em ambos os casos, a ideia é a mesma: perdão sem limite.

conceito abstrato e invisível, como o Reino de Deus e seus aspectos, é colocado ao lado de algo concreto e palpável. Jesus conta a história do servo não-perdoador justamente para pôr em relevo a medida sobrenatural do perdão, que é uma das principais evidências de um súdito perdoado. Assim como as outras parábolas, essa também inclui elementos surpreendentes que nos alertam ao seu significado.

O devedor e sua dívida impagável (Mateus 18:23-26)

> Por isso, o Reino dos Céus é semelhante a um rei que resolveu ajustar contas com os seus servos. E, passando a fazê-lo, trouxeram-lhe um que lhe devia dez mil talentos. Não tendo ele, porém, com que pagar, o senhor desse servo ordenou que fossem vendidos ele, a mulher, os filhos e tudo o que possuía, e que, assim, a dívida fosse paga. Então o servo, caindo aos pés dele, implorava: "Tenha paciência comigo, e pagarei tudo ao senhor" (Mateus 18:23-26).

A história começa relatando como um rei (que representa Deus) chama seus servos para prestarem contas pelas suas dívidas (pecados). Um servo (que nos representa) devia a soma astronômica de dez mil talentos. Esse é o primeiro fato surpreendente na história, e que aponta à primeira lição que Jesus quer ensinar: O pecado cria uma dívida impagável diante de Deus.

10 MIL TALENTOS

O talento era uma medida monetária variável (dependendo da época) calculada em peso de metal precioso – normalmente, prata ou ouro. Um talento pesava entre 26 e 36 quilos. Há várias maneiras de calcular o valor de 10 mil talentos, mas todas deixam claro que a dívida do servo era impagável e infinitamente maior que a dívida que seu conservo tinha com ele.

Por exemplo, 1Reis 10:14 diz que o tributo anual enviado dos países vizinhos de Israel para Salomão foi de 666 talentos de ouro. Alguns dicionários bíblicos informam que um talento de prata valia

6 mil denários e que o talento de ouro valia pelo menos trinta vezes isso, ou seja, 180 mil denários, quando o denário era o salário diário de um soldado romano. Ou seja, 10 mil talentos de ouro seria o equivalente de 1 bilhão e 800 mil dias de trabalho (4.931.507 anos!).[4]

Observe que o castigo pela dívida impagável afetaria não somente o servo, mas toda a sua família (18:25).

O DESESPERO

Diante de tão grande dívida, o servo cai diante do rei, desesperado e clamando por clemência (18:26a). O texto inclui um detalhe a mais: infelizmente o servo acrescenta "e pagarei *tudo* ao senhor" (18:26b) – uma declaração que revela ao mesmo tempo sua ignorância quanto ao real tamanho da dívida e sua perspectiva exagerada do seu próprio poder aquisitivo.

Os paralelos conosco são marcantes nessa parábola e eles apontam à beleza do evangelho. Somos miseráveis pecadores, carentes da graça de Deus (Romanos 3:23; Efésios 2:1-3). Não temos mérito nenhum em nós mesmos. Somos incapazes de pagar a nossa dívida infinita diante do Rei. Só ele, pela sua graça, é capaz de perdoar nossa dívida (Efésios 2:8,9). Somos ignorantes para com o real tamanho da nossa dívida para com ele e isso nos faz demasiadamente confiantes na nossa própria habilidade de pagá-la.

O rei (Mateus 18:27)

> E o senhor daquele servo, compadecendo-se, mandou-o embora, e perdoou-lhe a dívida (Mateus 18:27).

O que mais chama atenção na história é a graciosidade do rei. Compassivo além de medida esperada, seu coração se comove pelo pedido por clemência. As palavras do servo: "Tenha paciência comigo" moveram o coração do rei, que mais tarde explica: "Eu lhe perdoei

---
[4] LOUW, Johannes. P.; NIDA, Eugene A. *Greek-English lexicon of the New Testament: based on semantic domains,* p. 62.

aquela dívida toda porque você me implorou" (18:32). Parece que o rei passou por cima da declaração um tanto quanto arrogante (e ignorante) do servo: "e pagarei *tudo* ao senhor". Mesmo assim, ele perdoa a dívida, que significa que ele mesmo absorve todo o calote. Esse perdão da dívida ultrapassa todos os limites e é gracioso além de descrição. Como o apóstolo João afirma: "Porque todos nós temos recebido da sua plenitude e graça sobre graça" (João 1:16).

O rei é honrado quando seus súditos reconhecem que ele é o único capaz de atender suas necessidades mais profundas de perdão. Graças a Deus por esse retrato da sua bondade, graciosidade, misericórdia e amor (Efésios 2:1-10)! Ele é um Pai compassivo que sabe e lembra que somos pó (Salmos 103:13,14). Basta o pecador clamar ao Senhor com arrependimento e fé, pela salvação do seu pecado, pelos méritos de Jesus, e Deus promete que ele nasce de novo e se torna seu filho (João 1:12; Atos 16:31).

O conservo (Mateus 18:28-31)

> Saindo, porém, aquele servo, encontrou um dos seus conservos que lhe devia cem denários. Agarrando-o, começou a sufocá-lo, dizendo: "Pague-me o que você me deve". Então o seu conservo, caindo aos pés dele, pedia: "Tenha paciência comigo, e pagarei tudo a você". Ele, porém, não quis. Pelo contrário, foi e o lançou na prisão, até que saldasse a dívida. Vendo os seus companheiros o que havia acontecido, ficaram muito tristes e foram relatar ao seu senhor, tudo o que havia acontecido (Mateus 18:28-31).

Nessa altura, a história vai numa direção inesperada. Depois de receber tamanho perdão, esperava-se que o servo sairia da presença do rei exultante, pronto para festejar e celebrar o perdão com todos os seus amigos, vizinhos e colegas. Mas algo gravemente errado no coração do primeiro servo se transforma no ponto principal da história.

Ele encontra um conservo – um colega que presta serviço ao mesmo rei – que lhe devia cem denários. O valor é importante por pelo menos três razões:

1. Representa um valor significativo, uma dívida substancial. Como mencionado anteriormente, na época, o salário de um soldado romano era um denário por dia de serviço. Cem denários representariam cem dias de trabalho (mais de três meses de serviço). Parece que Jesus quer deixar claro que pessoas nos devem e suas dívidas são significativas. Somos, sim, vítimas do pecado de outros.
2. Representa uma dívida pagável. Diferente da dívida do primeiro servo, essa dívida era possível pagar.
3. Representa um valor infinitamente menor do que a dívida do primeiro servo. O contraste seria de 100 dias de trabalho *versus* 4.931.507 anos de serviço!

A atitude do primeiro servo foge da compreensão por ser ilógica e repreensível. Ele agarrou e sufocou o conservo, exigindo o pagamento imediato da dívida (18:28).

Ironicamente, o clamor do segundo servo: "sê paciente comigo", repete as mesmas palavras do primeiro servo, cujo clamor moveu o coração do rei. Mas o apelo do segundo servo só endureceu o coração do servo malvado. Assim como nós, ele queria misericórdia para si mesmo e justiça para todos os outros. Mas Tiago nos lembra: "Porque o juízo é sem misericórdia sobre quem não usou de misericórdia" (Tiago 2:13).

Em resposta, o servo malvado se recusa a perdoar a dívida e lança seu colega na prisão (dando assim mais um calote ao seu rei, que perde o serviço do segundo servo – mais uma marca de ingratidão).

Podemos especular sobre o que estava por trás dessa atitude de ingratidão, dureza e crueldade. Uma possibilidade é que o servo malvado nunca realmente abraçou o perdão do rei. Pode ser que tenha ficado desconfiado: "Afinal de contas, quem perdoa uma quantia tão grande? Quem sabe amanhã o rei me chama de volta e faz uma nova cobrança. Melhor eu me prevenir... cadê aquele servo que me deve...?".

Por nunca ter experimentado, de fato, o perdão, o servo malvado era incapaz de perdoar. Continuava escravo da sua dívida. Quando os companheiros ficaram sabendo de tudo, se indignaram e relataram tudo para o rei (18:31).

A conclusão preocupante (Mateus 18:32-35)

> Então o senhor, chamando aquele servo, lhe disse: "Servo malvado, eu lhe perdoei aquela dívida toda porque você me implorou. Será que você também não devia ter compaixão do seu conservo, assim como eu tive compaixão de você?". E, indignando-se, o senhor entregou aquele servo aos carrascos, até que lhe pagasse toda a dívida. Assim também o meu Pai, que está no céu, fará com vocês, se do íntimo não perdoarem cada um a seu irmão (Mateus 18:32-35).

A história também termina de uma forma inesperada. Quando o rei soube do que acontecera, chamou o servo malvado de volta e reafirmou a realidade do perdão: "Servo malvado, eu lhe perdoei aquela dívida toda porque você me implorou" (18:32). Ele nunca nega que havia estendido o perdão para ele. Mas explica que aquele servo tinha um novo dever. Seu dever não era mais pagar a dívida de 10.000 talentos, mas perdoar (!): "Será que você também não deveria ter compaixão do teu conservo, como eu tive compaixão de você?" (18:33). A implicação é óbvia: a dívida dos perdoados é... perdoar!

O rei indignado, então, entregou o primeiro servo aos torturadores "até que lhe pagasse toda a dívida" (18:34). A pergunta é: que dívida? Os 10.000 talentos? Ou a dívida de perdoar o conservo? Entendemos que o texto aponta para a segunda opção. O próprio servo experimentaria uma vida de tortura até aprender a perdoar como foi perdoado.

O último versículo da história repete o que Jesus já falou no P.S. do Pai Nosso: a falta de perdão sinaliza uma pessoa que, aparentemente, nunca abraçou de verdade a oferta de perdão feita pelo Pai. Se alguém se recusar a perdoar, ele mesmo pagará o preço de uma vida de tortura até descobrir que sua dívida para com o Rei é perdoar seus irmãos, assim como ele o perdoou em Cristo.

Alguns esclarecimentos

Quando se trata do perdão, à luz desse e de outros textos, precisamos tomar cuidado para não cair em alguns equívocos:

1. "Perdoar e esquecer" é um mito. Quando Deus "esquece" dos nossos pecados ele escolhe não nos tratar como merecemos (Salmos 103:10).
2. Perdoar não significa necessariamente que todo relacionamento voltará a ser o que era antes. Há necessidade de sabedoria bíblica, por exemplo, para saber lidar com a outra pessoa depois de casos de maus-tratos, abuso sexual, abuso de poder etc.
3. Nossa responsabilidade tem limites. Romanos 12:18 diz: "Se possível, no que depender de vocês, vivam em paz com todas as pessoas". Uma pessoa que já buscou reconciliar-se com seu irmão, uma ou mais vezes, sem sucesso, não precisa andar debaixo de uma nuvem preta de culpa.
4. Não somos nós que "liberamos o perdão". Deus é quem libera o perdão. Nós agimos em resposta ao perdão que já nos foi concedido em Cristo Jesus (Efésios 4:31,32).
5. Não há necessidade de fuçar no passado à procura de sujeira para desenterrar. Precisamos, sim, lidar com o passado à medida que ele continua presente. Quando há lembrança de coisas ruins do passado que já foram tratadas e perdoadas, precisamos renovar nossa mente e pregar o evangelho do perdão para nós mesmos: todos os meus pecados foram perdoados em Cristo Jesus, por isso posso perdoar (novamente) meu irmão.

APLICAÇÃO FINAL

Um dos maiores problemas que afligem os relacionamentos familiares são as mágoas e a falta de perdão. Como porcos-espinhos que somos, precisamos viver o evangelho em nossos relacionamentos.

No aconselhamento bíblico de casais e famílias, muitas vezes notamos a tendência diabólica que começou no jardim do Éden, logo após o primeiro pecado: um cônjuge culpa o outro e tenta salvar a sua pele. Mas, em vez de parecermos com o diabo, o acusador dos irmãos, devemos imitar o amor de Jesus, perdoando-nos uns aos outros, como também fomos perdoados (Efésios 4:31,32).

Era isso que Bela e Vitor precisavam saber e viver. Os passos para reconstruir seu relacionamento dependiam de uma decisão de cada um de perdoar o outro, conforme já haviam sido perdoados por Deus. Ainda havia tempo para remover o acúmulo de entulho que estava criando obstáculos em seu relacionamento, visando um novo começo.

Uma família cristã vive a vida e o perdão de Cristo diariamente em seus relacionamentos. Talvez doa, mas é a única esperança para construirmos famílias verdadeiramente cristãs. Praticamos o perdão, não por amor a nós mesmos (embora haja benefícios tangíveis físicos, emocionais e espirituais do perdão), mas por amor a Jesus, que nos perdoou uma dívida infinita de pecado.

A LIÇÃO PRINCIPAL

A grande graça recebida exige grande graça concedida no lar, porque somente os perdoados conseguem perdoar.

PARA DISCUSSÃO

1. De que forma nós, às vezes, somos semelhantes ao servo perdoado que não quis perdoar?
2. Até que ponto é saudável desenterrar questões do passado?
3. O que fazer quando a pessoa que muito nos machucou recusa-se a se arrepender ou reconciliar-se conosco?
4. Avalie a ideia do "perdoar e esquecer". É possível? O que significa?

RECURSOS

- *Eu simplesmente não consigo me perdoar!* de Robert D. Jones, Nutra, 2010.
- *Restauração para o casamento devastado pelo adultério*, de Robert D. Jones, Nutra, 2011.
- *Os conflitos do lar e as escolhas do pacificador*, de Ken Sande e Tom Raabe, Nutra, 2011.

YOUTUBE – PALAVRA E FAMÍLIA

- Mágoa e perdão
  https://www.youtube.com/watch?v=UloGM2fHLaU&t=589s

- A diferença entre "desculpa" e "perdão"
  https://www.youtube.com/watch?v=1cUhL49N_cw

4

DAVID MERKH [1]

A MUDANÇA DE HÁBITO E O HÁBITO DA MUDANÇA

---

[1] Parte do conteúdo deste capítulo foi adaptado do estudo "Maus hábitos: adaptações no casamento", livro escrito por David e Carol Sue Merk e Ralph e Ruth Reamer, do livro *15 lições para fortalecer sua família*.

CERTA VEZ um homem estava procurando algo em cima do armário de sua esposa, quando descobriu uma caixa que ele nunca tinha visto antes. Abrindo a caixa achou três ovos, junto com trezentos reais. Achou estranho e perguntou para sua esposa: "Querida, por que esta caixa? Por que você está guardando três ovos aqui?".

Ela respondeu: "Meu bem, nesses três anos de casados, cada vez que eu falei para você sobre algum mau hábito seu e você não me deu ouvidos, eu coloquei um ovo na caixa".

Ele sabia que mudar hábitos era algo difícil para ele, mas também ficou contente consigo mesmo, pois pensou: "Isso não é tão ruim. Somente três ovos em três anos de casamento!".

Mas, foi então que se lembrou do dinheiro: "E como conseguiu juntar trezentos reais?".

"Bem," ela respondeu, "cada vez que eu consegui juntar uma dúzia de ovos, eu os vendi".

Não é fácil mudar hábitos e talvez seja mais difícil ainda lidar com críticas. Não somente no início do casamento, mas ao longo dele. Somos especialmente sensíveis quando se trata de hábitos que desenvolvemos desde a infância e que achamos inofensivos. Saber dar e receber crítica exige grande talento e maturidade. Se não formos seguros em nossa identidade em Cristo, qualquer crítica poderá abalar nossa autoestima e autopercepção.

Uma pesquisa entre casais brasileiros revelou que os "maus hábitos" eram a principal causa de dificuldades conjugais, superando problemas como comunicação, finanças, sexo, criação dos filhos e conflitos familiares. Faz sentido. Sabemos que, no dia a dia, essas pequenas irritações podem desgastar um relacionamento. Por isso, neste capítulo queremos tratar de dois assuntos intimamente ligados: Os maus hábitos e as críticas que os revelam (e que também descortinam nossos corações). Para construir um casamento sólido, precisamos mudar hábitos e cultivar o hábito de mudança, especialmente na forma como damos e recebemos críticas.

Primeiro trataremos os maus hábitos, que podem ser abordados em dois níveis:

1. INFORMAÇÃO
Maus hábitos e a falta de educação

Maus hábitos são "maus" porque refletem ou uma falta de educação (ignorância daquilo que talvez seja repugnante para outras pessoas) ou egocentrismo (que é a antítese da vida de Jesus em nós). Os maus hábitos desrespeitam a "preciosidade dos outros", que reflete a vida de Cristo em nós – uma vida dedicada a abençoar outros em vez de explorá-los, tirar vantagem ou promover nosso próprio bem-estar.

A seguir oferecemos uma lista que pode servir de alerta e suprir informações sobre atitudes e hábitos nos quais o outrocentrismo, característica da vida de Jesus em nós, combate o egocentrismo, característica da carne (veja Gálatas 2:19,20; Marcos 10:45; Filipenses 2:3-8).

Em casa:
- Repor o rolo de papel higiênico quando este acabar.
- Substituir água, leite ou suco, em vez de guardar a jarra quase vazia na geladeira.
- Tirar a mesa e/ou lavar a louça.
- Guardar as roupas sujas no lugar devido, e não no chão.
- Buscar pão e leite ou fazer as compras no supermercado.
- Levar o lixo para fora.
- Limpar o depósito/garagem/armários.
- Limpar a pia depois de fazer a barba.
- Trocar lâmpadas, fazer pequenos consertos.
- Passar aspirador na casa.
- Arrumar a cama.

Com o cônjuge:
- Ajudar a pôr as crianças para dormir e/ou levantar para cuidar de uma criança no meio da noite.
- Encher o tanque do carro para que a esposa não tenha de fazer isso.
- Fazer massagem nos pés ou cafuné.
- Sugerir uma visita à casa dos sogros.
- Avisar quando for chegar atrasado(a).
- Fazer as coisas pequenas que expressam amor (flores, cartões, chocolate, atos de serviço, jantar fora etc.).
- Tratar o "ronco".
- Ter a disposição de perguntar: "Em que posso ajudar?", em vez de servir como pensa ser melhor.
- Ouvir o outro falar sobre coisas que interessam a ele ou ela, mesmo que não sejam do seu principal interesse.

Na família:
- Levantar-se para atender a porta em vez de gritar pedindo que alguém a atenda.
- Abrir mão do controle remoto ou do seu programa predileto, em favor do programa preferido pelos outros familiares.
- Deixar que outro use o banheiro antes de você.
- Não tomar banhos demorados quando outros esperam para tomar banho.
- Antes de reclamar sobre suas dores, procurar saber como estão passando os outros membros da família.
- Deixar a melhor poltrona para que outra pessoa possa sentar-se nela.
- Lembrar-se dos aniversários e de outras datas especiais para a família.
- Deixar para outra pessoa a maior ou melhor porção da sobremesa.

Na igreja:
- Esperar no final da fila da cantina, em vez de correr para ser atendido logo.

- Obedecer às diretrizes de quem trabalha no estacionamento.
- Catar o lixo que estiver no chão do banheiro e/ou compactar o que está saindo da cesta.
- Cumprimentar visitantes e pessoas desconhecidas em vez de conversar só com os amigos.
- Vigiar o comportamento dos filhos para que eles não prejudiquem os outros.
- Ser pontual, para não atrapalhar o culto.
- Evitar muita conversa, agitação e distração durante o culto.

Na sociedade:
- Sem reclamar, deixar que outro motorista entre na sua frente, na faixa em que você está (dirigir como cristão!).
- Jogar o lixo em uma lixeira e recolher o lixo quando for necessário.
- Devolver o carrinho do supermercado ao seu lugar próprio.

2. O CORAÇÃO
Dando e recebendo crítica com humildade

Informação em si não é suficiente para resolver os conflitos que surgem dos maus hábitos. O problema é maior, e se encontra dentro do coração. Conflitos surgem em volta dos maus hábitos por dois motivos: A falta de consideração entre as pessoas (egocentrismo), e a falta de amor (que faz com que o desgosto do que considera um mau hábito seja bem maior do que devia ser).

Uma vida vivida pela graça de Jesus nos influenciará de duas maneiras:

- "O amor cobre a multidão de pecados" (1Pedro 4:8). Se nos tornarmos mais tolerantes e menos exigentes, estaremos mais dispostos a desconsiderar os maus hábitos do nosso cônjuge.
- Quando confrontados com os nossos maus hábitos, revelaremos maior disposição em efetuar mudanças com humildade e na dependência de Deus, mesmo em áreas que julgamos "inofensivas". Somente uma pessoa segura em sua posição – garantida

em Cristo e conhecedora da corrupção do próprio coração – será capaz de encarar críticas e confrontos sem máscaras, autodefesa e desculpas.

É justamente aqui que precisamos lidar com a questão essencial, que é a maneira pela qual damos e recebemos a crítica. A palavra-chave em ambos os casos é humildade.

A maneira pela qual respondemos à crítica, especialmente nessa área de hábitos, revela muito sobre quem somos – talvez mais do que queríamos admitir. Nossa resposta à crítica determina se ficaremos estagnados, parados no tempo, ou se realmente vamos crescer individualmente e em nossos relacionamentos familiares. E esse é um dos principais alvos no casamento: sermos esculpidos à imagem de Cristo Jesus e sermos talhadeiras nas mãos do Espírito, para ajudar a esculpir a imagem de Cristo em nosso cônjuge.

Muitos casais lutam com a maneira pela qual dão e recebem crítica nos primeiros anos do casamento. Uma crise pode surgir quando descobrem que há áreas em suas vidas que desagradam o cônjuge e que não se parecem com Jesus. Há um ditado que diz: "Os homens se casam, esperando que a esposa nunca mude, mas ela muda, sim. As mulheres se casam, esperando mudar o seu marido, mas ele não muda, nunca".

Alguns casais nunca superam esse desafio. Certa vez, um homem reclamou para sua esposa: "Por 40 anos você só tem me criticado e corrigido". Ela por sua vez, prontamente respondeu, "De fato, são 41 anos...".

Você sabe receber críticas e aproveitá-las para seu bem? Não é de surpreender o fato de que a Bíblia fala muito sobre esse assunto. Só o livro de Provérbios tem mais de 70 textos que indicam que uma pessoa sábia ouve bem o ensino, o conselho e a repreensão, ou seja: a crítica! Essa é uma das principais marcas do sábio no livro. Mas, para receber bem a crítica é preciso um conjunto de qualidades, entre elas: humildade, mansidão, respeito e consideração – todas essas qualidades são fruto de uma identidade construída em Cristo Jesus.

É impressionante como as pessoas resistem à mudança de hábito e à resposta humilde à crítica. Em vez de reconhecerem áreas de sua vida que precisam passar por transformação, preferem deixar que dessas áreas sejam desencadeadas discussões, desentendimentos e dissensões. Ao serem confrontadas, em vez de responderem com humildade, as pessoas se defendem, racionalizam, atacam, justificam-se ou se mostram contrariadas. Algumas admitem o problema, mas não mudam a sua atitude. Outras ouvem humildemente a crítica e, apenas por um tempo, parecem ter mudado. Poucas passam por uma mudança permanente.

DANDO A CRÍTICA

Quando for necessário, de que maneira devemos apontar um defeito de um membro da nossa família, seja um pecado, seja somente um mau hábito?

Em Gálatas 6:1-2, lemos: "Irmãos, se alguém for surpreendido em alguma falta, vocês, que são espirituais, restaurem essa pessoa com espírito de brandura. E que cada um tenha cuidado para que não seja também tentado. Levem as cargas uns dos outros e, assim, estarão cumprindo a lei de Cristo".

É sempre difícil confrontar outras pessoas com os erros delas. Mas, antes de confrontar alguém por um erro, é necessário manter um espírito humilde, examinando sua própria vida. Um erro deve ser apontado sempre com brandura e paciência, oferecendo ajuda àquele que errou, levando-o a corrigir o que for necessário.

Como saber quando confrontar um erro e quando permanecer em silêncio, mesmo tendo constatado esse erro? O amor está sempre disposto a perdoar e a esquecer ofensas, mas também exige que o pecador seja confrontado, para o bem dele próprio. Em questões que julgamos inofensivas, que não envolvem pecado, o amor pode ignorá-los, especialmente quando não caracteriza as atitudes e ações da pessoa. Novamente: o bem do ofensor e a preservação do relacionamento devem estar em vista. Precisamos de muita sabedoria para discernir quando devemos confrontar e quando devemos "deixar para lá".

Seguem alguns conselhos práticos do livro de Provérbios:

1. Escolher bem a hora de fazer a crítica ou confrontação:

   Como maçãs de ouro em bandejas de prata, assim é a palavra dita a seu tempo (Provérbios 25:11).

2. Escolher bem a maneira de apontar o assunto:

   A goteira contínua num dia chuvoso e a esposa briguenta são semelhantes; contê-la seria conter o vento, seria pegar o óleo com a mão (Provérbios 27:15,16).

3. Saber discernir quando é melhor não falar:

   Igualmente vocês, esposas, estejam sujeitas, cada uma a seu próprio marido, para que, se ele ainda não obedece à Palavra, seja ganho sem palavra alguma, por meio da conduta de sua esposa, ao observar o comportamento honesto e cheio de temor que vocês têm (1Pedro 3:1,2).

RECEBENDO A CRÍTICA

Não somente damos crítica com humildade: também devemos recebê-la com humildade. Um estudo dos muitos textos de Provérbios que lidam com a crítica revela três passos principais que devemos dar quando criticados, que farão nossos lares muito mais tranquilos – e sábios. Como recebemos a crítica determina se seremos sábios ou tolos nos dias por vir. É uma das principais marcas da pessoa sábia.

1. Devemos ouvir a crítica que recebemos

A crítica serve como semáforo em nossas vidas. A luz amarela nos adverte: "Cuidado! Prepare-se para parar!". Mas interpretamos: "Cuidado! Se você não correr agora, será tarde demais!".

Ignorar placas de advertência pode ser muito perigoso, especialmente no lar. Nenhum relacionamento fracassa de um dia para outro. Normalmente luzes começam a piscar no painel da nossa vida, nos advertindo de que algo está errado. Mas muitas vezes passamos adiante, prejudicando nossos relacionamentos e a nós mesmos, porque não prestamos a atenção devida. Não paramos para ouvir a crítica. Provérbios nos aconselha nesse sentido:

> Responder antes de ouvir é tolice e vergonha (Provérbios 18:13).

Ouvir repreensão caracteriza a pessoa que quer crescer e aprender:

> Quem dá ouvidos à repreensão construtiva terá a sua morada no meio dos sábios (Provérbios 15:31).

> Ouça os conselhos e receba a instrução, para que você seja sábio a partir de agora (Provérbios 19:20).

Quem ouve humildemente a instrução e a correção, eventualmente morará numa mansão no bairro nobre dos sábios. A crítica melhora nosso caráter e nos prepara para enfrentar novos desafios no futuro. Ela aponta defeitos que podem prejudicar nosso progresso. Aquele que não sabe receber críticas já parou de crescer!

2. Devemos valorizar a crítica que recebemos

Não é fácil, mas precisamos reconhecer que crítica é uma dádiva de Deus. Mesmo quando a pessoa que nos critica o faz por motivos suspeitos, a crítica serve para nos tornar mais sábios. É um presente de Deus!

O livro dos Provérbios ressalta essa ideia:

> Leais são as feridas feitas pelo que ama, porém os beijos de quem odeia são enganosos (Provérbios 27:6).

> Como pendentes e joias de ouro puro, assim é a repreensão dada por um sábio a um ouvinte atento (Provérbios 25:12).

> Quem repreende alguém achará depois mais favor do que aquele que só lisonjeia (Provérbios 28:23).

Nenhum relacionamento fracassa de um dia para outro. Normalmente luzes começam a piscar no painel da nossa vida, nos advertindo de que algo está errado. Mas muitas vezes passamos adiante, prejudicando nossos relacionamentos e a nós mesmos, porque não prestamos a atenção devida.

Anos atrás, tive o privilégio de viajar para a África, para uma colônia de pessoas com hanseníase, ou seja, a "lepra moderna". Vi os resultados trágicos daquela doença. A hanseníase ataca o sistema nervoso e a pessoa perde sua sensibilidade à dor. Mas, ao invés de ser uma bênção (imagine não ter mais dor!), a ausência da dor leva a pessoa a ter feridas graves, perdendo dedos, braços e pernas, porque não sente mais aquele alerta de que algo está errado no corpo. A pessoa leprosa encosta a mão num fogão quente, não sente a dor e acaba perdendo a mão.

A crítica dói e ninguém gosta de dor. Fazemos de tudo para evitá-la. Mas, quando fugimos da dor da crítica, corremos grande risco de nos tornarmos insensíveis ao pecado, cujo dano é muito maior. Precisamos aprender a receber correção, mesmo que doa, como sendo um ato de amor.

A crítica é permitida por Deus (às vezes até de pessoas que querem nosso mal) para esculpir a imagem de Cristo em nós (Romanos 8:28,29). Ou, como diz Provérbios 27:17: "O ferro se afia com ferro, e uma pessoa, pela presença do seu próximo".

3. Devemos responder positivamente à crítica que recebemos

A última resposta à crítica prova se ainda somos pessoas moldáveis ou se já estamos petrificadas. Chegamos ao momento da decisão. O que faremos com a crítica que recebemos?

Mais uma vez, Provérbios oferece conselho sadio:

> Quem encobre as suas transgressões jamais prosperará; mas o que as confessa e abandona alcançará misericórdia (Provérbios 28:13).

> Quem dá ouvidos à repreensão construtiva terá a sua morada no meio dos sábios (Provérbios 15:31).

Tiago acrescenta: "Sejam praticantes da Palavra e não somente ouvintes, enganando a vocês mesmos" (Tiago 1:22). Que pena olhar no espelho da Palavra (ou da crítica), ver quem somos e depois virar as costas dizendo: "Sou assim mesmo: e daí?".

A crítica é uma marca do amor de Deus em nossa vida! Precisamos andar seguros em quem nós somos em Cristo (Efésios 1-3). Assim, descansaremos na soberania de Deus que nos proporciona a crítica para nos mantermos humildes e ensináveis, pessoas que continuam crescendo em sua graça. Quem não vive pela graça de Deus, mas, sim, pelo desempenho, está condenado a uma vida de comparação com os outros, caracterizada por ira, desânimo, mentira e fuga. Usará máscaras para fingir ser o que não é. Essa vida hipócrita não é a vida de quebrantamento e humildade constante, que o Senhor Jesus requer de nós (Mateus 11:28-30).

CONCLUSÃO

Talvez você já tenha descoberto um ou outro mau hábito que seu cônjuge não gosta em você. Como você tem lidado com isso? Com orgulho egocêntrico? Ou com a humildade e o outrocentrismo de Cristo?

Há algo na vida do seu cônjuge que deixa você irritado? Por que é tão importante para você? Será que o amor poderia cobrir uma multidão de pecados? Ou é uma área que realmente precisa ser confrontada para o bem da pessoa e do seu relacionamento?

Como você confronta seu cônjuge? Com humildade e mansidão ou com o dedo apontado no nariz do outro?

Como você recebe crítica? Como um dom da graça de Deus, alertando-o sobre mais uma área que pode ser esculpida para você se parecer mais com Cristo Jesus? Ou com mecanismos de autodefesa, para desviar o foco do seu erro?

E se você confronta seu cônjuge com algo que precisa ser mudado, mas você não percebe nenhuma mudança e nem mesmo um esforço para mudar? Lembre-se de que não é sua responsabilidade mudar o cônjuge. Você só é responsável por mudar a si mesmo. Mas pode orar e incentivá-lo. Pode buscar um conselheiro sábio para ter direção em momentos difíceis.

Espero que você nunca encontre uma caixa de ovos no armário do seu cônjuge. Mas, se encontrar, encare isso como uma oportunidade para construir um casamento ainda mais sólido. E um casamento assim precisa de uma mudança de hábito e do hábito de mudança, justamente pela crítica que recebe.

A LIÇÃO PRINCIPAL

O outrocentrismo de Cristo no lar faz com que lidemos com nossos hábitos e os hábitos do cônjuge de forma graciosa e humilde.

PARA DISCUSSÃO

1. Você já soube de conflitos sérios entre algum casal, provocados por uma situação "tola" (por exemplo, maus hábitos)? Você já passou por isso? Que problema deu início a esse conflito?
2. Como as pessoas costumam responder quando são confrontadas pelo cônjuge sobre um hábito que este considera inapropriado?
3. Você consegue acrescentar mais itens nas listas de ações em casa, com o cônjuge, na família, na igreja e na sociedade que refletem o outrocentrismo versus o egocentrismo?
4. O que a maneira pela qual damos e recebemos crítica (instrução, correção, repreensão) revela sobre nosso coração e a base da nossa identidade? Quais são maneiras comuns que pessoas usam para não ter que lidar bem com a crítica?

RECURSOS

- "Maus hábitos: adaptações no casamento" no livro *15 lições para transformar seu casamento*, de David e Carol Sue Merkh, Hagnos, 2020.

YOUTUBE – PALAVRA E FAMÍLIA

- Lidando com os maus hábitos do meu cônjuge (e meus)
https://www.youtube.com/watch?v=Cxy1xjvnEBY&t=59s

- Recebendo crítica no lar
https://www.youtube.com/watch?v=0N7-GVKg3BE

- Dando críticas no lar
https://www.youtube.com/watch?v=oLxij7vJdq0

- Como posso mudar meu cônjuge?
https://www.youtube.com/watch?v=616OIAyLzZY&t=8s

5

DAVID MERKH

TRABALHANDO AS DIFERENÇAS: OS OPOSTOS SE ATRAEM

DEUS DEVE TER um bom senso de humor. Se não, nunca teria juntado Lúcio e Alessandra. Lúcio é introvertido, mas casou-se com Alessandra, que é a "vida da festa". Ele acorda de madrugada; ela, por sua vez, é "dorminhoca". Lúcio é organizado e disciplinado e tem orgulho de sempre chegar pelo menos dez minutos antes de uma reunião, consulta ou culto na igreja. O sobrenome da Alessandra é "Atrasada".

Até no banheiro essas diferenças se destacam. A Alessandra estrangula o tubo de pasta de dente enquanto Lúcio faz massagem nele para persuadir a última porção de pasta sair. Ele faz questão de posicionar o rolo de papel higiênico de modo que o papel saia longe da parede úmida, mas ela insiste no contrário. Ele deixa a tampa do vaso sempre para cima; ela deixa cabelos no ralo do box e assim por diante.

Por sinal, suas famílias de origem eram bem diferentes. Lúcio é filho único, enquanto Alessandra é a mais nova de três irmãos. Ele só conheceu a Cristo na faculdade, mas ela vem de gerações de cristãos fiéis. A família do Lúcio nunca dava muita ênfase às farras, mas a da Alessandra fazia grandes festas de aniversário e nos feriados.

Talvez o ponto de maior atrito entre tantas diferenças seja o fato de que ele prefere dormir com a janela aberta e o ventilador ligado, mesmo no inverno. Já ela, muito friorenta, usa dois cobertores e meias até mesmo com a temperatura a 35 graus.

Infelizmente, nem todos acham graça nas diferenças que existem entre casais como Lúcio e Alessandra. Elas podem ser causas de grandes conflitos. Pior, às vezes diferenças como essas levam alguns casais à conclusão de que são "incompatíveis". Logo nos primeiros anos de casamento ficam desiludidos, frustrados e decepcionados um com o outro, por causa de tantas desavenças. Ironicamente, as mesmas diferenças que fizeram com que se apaixonassem no início do relacionamento (afinal, os opostos se atraem) se tornaram o motivo de afastamento do casal.

Lamentavelmente, alguns amigos, parentes e até pastores aconselham a separação e o divórcio de casais assim, alegando que são opostos demais para conviver. Ironicamente esses mesmos líderes que aconselham uma separação por causa de uma suposta incompatibilidade, também aprovam casamentos entre crentes e não crentes, o chamado "jugo desigual".

As diferenças naturais entre homem e mulher, marido e esposa, não precisam ser motivo de afastamento, mas de aperfeiçoamento. Para valorizarmos a individualidade de cada um, precisamos entender o propósito divino por trás das diferenças entre nós. Além disso, precisamos aprender a aproveitá-las para tornar o casamento ainda mais forte. Deus chamou o homem e a mulher para se completarem, não para competirem entre si! As diferenças podem ser a cola que fortalece a união conjugal!

O PORQUÊ DAS DIFERENÇAS

Para entendermos melhor a origem divina dos "opostos que se atraem", precisamos voltar para o estabelecimento do casamento dentro do plano divino. Gênesis 2:15-24 revela princípios que explicam o raciocínio por trás da união de pessoas tão diferentes:

1. O homem precisava de ajuda para realizar sua tarefa no Jardim

Quando Deus fez o homem e o colocou no jardim do Éden, deu-lhe a tarefa de cuidar dele e cultivá-lo (Gênesis 2:15). Mas logo em seguida Deus declarou que "não era bom" para o homem cumprir esse mandato sozinho (2:18). Essa é a única vez nos seis dias de criação que Deus fala que algo não era bom. Em outras palavras, Deus disse: "Não dá! O homem não consegue realizar tudo que eu quero na Terra sozinho".

O que faltava era a mulher. Gênesis 2:18b e 20 descreve a mulher como "auxiliadora idônea". O termo "auxiliadora" não significa "escrava".

Deus chamou o homem e a mulher para se completarem, não para competirem entre si! As diferenças podem ser a cola que fortalece a união conjugal!

Essa palavra hebraica foi usada para descrever somente uma outra pessoa no Velho Testamento: o próprio Deus! O termo refere-se a Deus como nosso "auxílio" (Salmos 33:20), "amparo" (Salmos 115:9-11), "socorro" (Salmos 121:1,2; Oseias 13:9) e "ajuda" (Deuteronômio 33:7). Seria difícil imaginar um termo mais nobre.

Em sua infinita graça, Deus colocou um representante de si mesmo ao lado do homem - um auxílio e amparo para ajudá-lo em suas muitas necessidades. Assim é a esposa para o homem e, por implicação, o homem para sua esposa. Um completa o outro. Um reforça o outro. Como diz o ditado, "Se duas pessoas sempre concordam, uma delas é desnecessária". As diferenças servem para nos complementar.

2. Deus criou a mulher para completar o que faltava no homem e vice-versa

O outro termo, "idônea", literalmente significa "conforme o seu oposto". Em outras palavras, a mulher *corresponde* ao homem ao mesmo tempo que preenche lacunas em sua vida. Ela é o que ele não é, faz o que ele não faz, supre o que ele não tem e vice-versa. Assim como os dedos de duas mãos se entrelaçam, homem e mulher juntos "fecham" as brechas em suas vidas.

No contexto de Gênesis, entendemos que a unidade em diversidade do casal casado serve como reflexo da própria unidade em diversidade da Trindade. Deus criou o casal como reflexo da sua imagem (Gênesis 1:26,27) que inclui igualdade no *ser,* com diferenças no *fazer.* O casal que trabalha bem essas diferenças em seus respectivos papéis ilustra para o mundo um pouco do modo como Deus Pai, Filho e Espírito Santo se relacionam entre si (veja 1Coríntios 11:3). Veremos mais sobre isso nos capítulos relativos aos papéis de cada um no lar.

3. Deus criou as diferenças para exemplificar o outrocentrismo de Cristo

Ao contrário do que alguns alegam – que as mudanças que cada cônjuge experimenta ao longo dos anos às vezes levam a uma incompatibilidade conjugal – são justamente as mudanças que nos forçam a crescer na apreciação e no serviço mútuo, que caracterizam a vida de Jesus.

Aquele que "não veio para ser servido, mas para servir" (Marcos 10:45) vive sua vida outrocêntrica em e através de nós quando aprendemos a amar e servir alguém bem diferente que nós.

1Pedro 3:7 reconhece que há grandes diferenças entre homens e mulheres e exige que o marido cristão faça um esforço ao longo do casamento para estudar e conhecer sua esposa, para poder tratá-la com a honra e a dignidade que ela merece: "Maridos, vocês, igualmente, vivam a vida comum do lar com discernimento, dando honra à esposa, por ser a parte mais frágil e por ser coerdeira da mesma graça da vida. Agindo assim, as orações de vocês não serão interrompidas".

As diferenças entre os gêneros – assunto de muitas piadas, às vezes, sem graça! – Deus usa para encorajar o homem a ser algo que normalmente ele não seria: sensível e cuidadoso para com sua esposa. "Viver com discernimento" é literalmente "com conhecimento". O marido nunca se forma da "Universidade de Conhecimento Conjugal", mas é seu muito estudo nessa faculdade que faz com que ele se pareça cada vez mais com Cristo Jesus.

O apóstolo Paulo ecoa uma ideia semelhante quando ele dá ordens para o casal casado procurar o prazer sexual do outro *antes* do seu: "Que o marido conceda à esposa o que lhe é devido e também, de igual modo, a esposa, ao seu marido. A esposa não tem poder sobre o seu próprio corpo, e sim o marido; e também, de igual modo, o marido não tem poder sobre o seu próprio corpo, e sim a esposa" (1Coríntios 7:3,4).

Como é bem divulgado, normalmente o homem não precisa de muito estímulo para poder se satisfazer numa relação sexual. Mas é diferente para a mulher. De forma contracultura e iconoclasta, Paulo começa falando para o homem, encorajando-o a ser outrocêntrico na preocupação com o prazer da esposa *antes* do seu. Como autor Gary Thomas ressalta, a verdadeira natureza do nosso caráter espiritual talvez seja mais demonstrada na cama do que no culto![1]

Novamente, são as diferenças entre homens e mulheres que acentuam a necessidade da vida de Cristo em nós (Gálatas 2:19,20).

---

[1] THOMAS, Gary, *Casamento sagrado*, p. 216.

COMO APROVEITAR AS DIFERENÇAS?

Um dos segredos de um bom casamento não é eliminar as diferenças entre o casal. A chave é trabalhar as diferenças para o máximo benefício do lar.

Um exemplo da biologia ilustra esse princípio. Dizem que quanto mais diversificados os genes, mais forte se torna a espécie. Isso pelo fato de que quando dois animais com genes semelhantes se cruzam, tendem a reforçar as fraquezas da espécie. Mas a diversidade genética enriquece e fortalece a espécie, pois genes prejudiciais são contrabalançados por genes bons.

O casamento é assim, também. Como já vimos, cada cônjuge é como uma talhadeira nas mãos do Espírito Santo, que ele usa para esculpir a imagem de Cristo no outro. O casal sábio sabe aproveitar as diferenças entre si para ministrar um ao outro, suprindo necessidades, fortalecendo fraquezas, aperfeiçoando o caráter e atuando como um *time* em prol do Reino de Deus.

Por exemplo:

- Uma esposa extrovertida ajuda seu marido tímido em situações nas quais ele se sente desconfortável.
- Um marido que não enxerga bem à noite deixa sua esposa dirigir o carro de volta para casa.
- Um marido com muita capacidade de discernimento usa seu "sexto sentido" para advertir a esposa contra maus negócios.
- Um cônjuge menos atento é alertado pelo outro sobre uma área na vida de um dos filhos que precisa ser lapidada.
- Um marido menos acadêmico conta com a ajuda da sua esposa estudiosa no preparo de um estudo para seu grupo pequeno.
- Um cônjuge mais detalhista cuida das finanças do lar para deixar o outro mais livre para desenvolver outras habilidades.

Poderíamos multiplicar exemplos, mas o ponto está claro: o casal sábio aprende cedo a trabalhar as diferenças entre eles para fortalecer e não enfraquecer seu lar.

Lúcio e Alessandra ainda estão aprendendo a lidar com essas diferenças. Ainda causam alguns atritos entre eles. Mas sabem que Deus os fez diferentes, em parte para praticar o outrocentrismo de Cristo um na vida do outro. E hoje valorizam cada vez mais as diferenças para fortalecer sua família. Sabem que as diferenças foram criadas por Deus não para gerar competição, mas, sim, complementação. "Quando sou fraco, então ela é forte, e, quando ela é fraca, eu sou forte".

A LIÇÃO PRINCIPAL

O casal sábio aprende a trabalhar as diferenças entre eles para fortalecer seu lar.

PARA DISCUSSÃO

1. Quais são algumas diferenças marcantes entre vocês como casal? Quantas dessas diferenças já foram a causa de algum atrito entre vocês?
2. Como as diferenças entre vocês têm fortalecido sua união? Em que sentido é bom que nenhum dos dois "esteja só"?
3. Quando as diferenças são grandes demais, ao ponto do casal precisar de um aconselhamento ou acompanhamento por parte de terceiros?
4. Como as diferenças entre cônjuges podem ser motivo de crescimento no outrocentrismo de Cristo?

RECURSOS

- *Casamento sagrado*, de Gary Thomas, Esperança, 2022.

YOUTUBE – PALAVRA E FAMÍLIA

- Opostos se atraem: trabalhando as diferenças no casal
    https://www.youtube.com/watch?v=1qQPGzkMgFw

6

DAVID MERKH

ADAPTANDO-SE ÀS NOVAS ROTINAS

ANA PAULA E CLEBER casaram-se um pouco mais tarde na vida. Sentiram-se razoavelmente bem-preparados para as transições normais do início de vida conjugal. Pela graça de Deus, conseguiram lidar com questões de comunicação, finanças, relacionamento com parentes e os papéis no novo lar. Mas foram pegos de surpresa em uma área inesperada: as rotinas do dia a dia.

Ana Paula sempre acordava com os pássaros. Cleber, por outro lado, precisava de algumas doses de café para começar a pensar com lucidez – por volta das 10 horas da manhã. Ele não gostava de tomar café da manhã e costumava tomar suas refeições com a TV ligada e celular ao lado. Já Ana Paula vinha de uma família em que todos comiam ao redor da mesa, sem telas para distraí-los. Cleber gostava de assistir filmes no final da noite, mas Ana Paula preferia ler antes de dormir.

Ambos tinham um tempo devocional individual, mas ainda não encontraram algo que funcionasse para os dois. Sentem-se culpados quando ouvem sobre a importância das disciplinas da vida cristã, especialmente na vida a dois, mas seus dias são tão cheios que não sabem como encaixar mais uma atividade em sua rotina. Querem ser mais unidos e disciplinados, mas tem sido difícil.

Como o casal pode se tornar um nas rotinas diárias? Vamos analisar essa questão em duas perspectivas.

Primeiro, sugerimos alguns princípios para lidar, de forma bíblica e sábia, com desencontros nesses momentos. O ideal é recalibrar nossas rotinas para encontrar um meio-termo satisfatório para ambos. Assim, o outrocentrismo de Cristo será manifestado novamente, pois cada cônjuge terá que renunciar a algumas preferências pessoais em prol do relacionamento.

Segundo, vamos examinar como podemos remir o tempo que já temos para desenvolver hábitos saudáveis que fortalecerão nossos casamentos e lares.

PRINCÍPIOS PARA RECALIBRAR NOSSAS ROTINAS

Como já vimos, apesar do fato de que "opostos se atraem", há momentos na vida em que as diferenças entre nós se tornam tão grandes que precisamos parar e recalibrar tudo. Embora pareça algo muito simples, o desencontro em nossas rotinas pode se tornar um grande empecilho para nos tornarmos um.

A seguir, sugerimos alguns princípios que podem nortear esse processo de avaliação e abnegação ao lidar com os desencontros nas rotinas:

1. **Verbalizar suas expectativas sobre as rotinas do lar, tanto as que estão sendo realizadas como aquelas que não estão sendo realizadas**

Como sempre, comunicação é fundamental nessa questão. Podemos errar por falar demais ou de menos. Provérbios 18:1,2 oferece conselho sábio neste sentido:

> O solitário busca o seu próprio interesse e se opõe à verdadeira sabedoria.
> O tolo não tem prazer no entendimento, mas apenas em externar o que pensa (Provérbios 18:1,2).

Quantas vezes casais entram em conflito devido a expectativas que nunca foram verbalizadas? Isso nos lembra da história do casal de noivos que acordou no primeiro dia depois da lua de mel e cada um esperava que o outro se levantasse para preparar o café. Na família dele, era a sua mãe que fazia isso, mas na família dela, era o pai.

Muito embora um bom acompanhamento pré-nupcial do casal consiga levantar e amenizar muitas dessas questões, faz parte da graça da vida crescer juntos através de novas rotinas. Mas a comunicação sempre será chave.

Quantas vezes casais entram em conflito devido a expectativas que nunca foram verbalizadas?

2. Avaliar o que é preferência pessoal e o que é princípio bíblico

A maioria das questões envolvendo rotinas são neutras em si: a hora de acordar, quem busca pão francês na padaria, quem lava louça. Mas uma preferência pode esbarrar em princípios bíblicos quando trata de questões morais: Até que ponto vamos tolerar certas cenas nos filmes que assistimos? Vamos ter algum tipo de culto doméstico no lar? Qual será a frequência da intimidade sexual?

Podemos até discordar se algumas questões são bíblicas ou não: Vamos tomar vinho em algumas refeições? Como vamos disciplinar os nossos filhos? Vamos assistir todos os cultos da igreja, ou somente um por semana? Nessas questões, onde há discordância sobre se algo é um princípio bíblico ou não, a situação tende a ser mais complicada, pois ceder envolve sacrificar convicções pessoais, o que é perigoso.

3. Verificar se existem ídolos do coração, que tornam uma rotina mais importante do que devia ser

Preferências se transformam em ídolos quando alguém não está disposto a abrir mão delas em prol de ideais maiores, como, por exemplo, a unidade conjugal. Se estou disposto a pecar para conseguir manter rotinas preferenciais, então trata-se de um ídolo que reina em minha vida. Se não estou disposto a abandonar algo indiferente por amor do cônjuge, estou me curvando diante de outro deus.

Como disse o apóstolo João no final da sua primeira carta: "Filhinhos, cuidado com os ídolos!" (1João 5:21).

4. Em cada situação ou rotina da vida, perguntar: "Como posso melhor servir de bênção na vida do meu cônjuge e da minha família?"

A vida de Cristo em nós é uma vida dedicada a servir, e não a ser servido. A natureza humana quer ser abençoada e servida. Abrir mão de preferências pessoais não significa se tornar um capacho para os outros, mas exige coragem e autonegação — atitudes que marcaram a vida de Jesus.

5. Deixar de negociar direitos

Muitos têm a ideia de que um bom casamento é quando cada um dá 50% e assim os dois se encontram no meio. Ou seja, o casal negocia as rotinas, mantém um registro, pelo menos mental, de quem cedeu o que e quando, visando sempre a "justiça".

Não queremos que uma pessoa sempre saia no prejuízo ou seja maltratada, injustiçada e manipulada. Mas o ideal no casamento bíblico é que cada um se esforce, pela graça de Cristo, em dar 100% de si mesmo, sempre que for necessário, sem calcular ganhos e perdas ou barganhar direitos.

Nosso foco deve sempre estar em semelhança a Cristo e não a "justiça". Novamente, o alvo não é a minha felicidade, mas, sim, a santidade.

6. Juntos, decidir as rotinas que gostariam que caracterizassem suas vidas e desenvolver as disciplinas necessárias em conjunto

Vamos tratar logo em seguida de algumas ideias de disciplinas bíblicas e hábitos saudáveis que poderiam fortalecer o lar. Nenhuma família será capaz de praticar todas. Por isso, o casal pode e deve conversar sobre o que gostaria que caracterizasse a sua família, como marcas e tradições não negociáveis.

DESENVOLVENDO HÁBITOS FAMILIARES SAUDÁVEIS

Somos o produto dos nossos hábitos. As práticas diárias, repetidas constantemente, nos formam as pessoas que somos. Por isso devemos avaliar bem os "usos e costumes" da família para verificar se realmente representam nossos valores. Como disse o filósofo Sócrates: "A vida não examinada não vale a pena ser vivida!".

Há muitos hábitos diários que valem a pena entrar na rotina familiar. Mas ninguém pode fazer tudo que gostaria. E nem todos foram dotados com o mesmo nível de disciplina pessoal. No mundo frenético em que vivemos, o que não precisamos é mais um item na nossa lista de afazeres! Como disse o Dr. Howard Hendricks, às vezes é mais importante cumprir uma lista de não-fazeres do que uma lista de afazeres! Conforme o ditado em inglês: "We need to work smarter, not harder", ou seja: "Precisamos trabalhar mais inteligentemente, e não necessariamente mais!"

Poderíamos tratar de muitas áreas de hábitos na rotina familiar, mas vamos voltar nossa atenção para um texto na Palavra de Deus que serve como base: Deuteronômio 6:4-9. Justin Whitmel Earley em seu livro *Hábitos: como praticar a história de Deus na rotina familiar* nos ajuda com dicas e sugestões para nos unirmos mais nas rotinas do lar, sem acrescentar muito mais atividades em nosso dia.[1] Já temos hábitos e rotinas. A pergunta é, se eles servem aos nossos alvos familiares, ou se são nossos mestres, ditando a família que seremos.

A ideia é redimir momentos oportunos que já temos (Efésios 5:16), sem exigir (muito) mais tempo da nossa agenda já lotada. Vamos aprender a sermos mais intencionais no uso dos momentos corriqueiros, como aqueles mencionados em Deuteronômio 6:4-9:

- ao levantar-se;
- a caminho;
- nas refeições;
- no entretenimento;
- no crescimento espiritual;
- ao dormir[2].

Deuteronômio 6:4-9 diz:

> Escute, Israel, o Senhor, nosso Deus, é o único Senhor. Portanto, ame o Senhor, seu Deus, de todo o seu coração, de toda a sua alma e com toda a sua força. Estas palavras que hoje lhe ordeno estarão no seu coração. Você as inculcará a seus filhos, e delas falará quando estiver sentado em sua casa, andando pelo

---

[1] Várias ideias e parte do conteúdo deste capítulo baseiam-se no livro de Justin Whitmel Earley, *Hábitos – Como praticar a história de Deus na rotina familiar.*
[2] Outras áreas de rotina que certamente poderíamos tratar, mas o espaço não permite, incluem hábitos e rotinas como: a hora de chegar em casa, festas e tradições familiares, feriados, sábado/dia de folga, hora silenciosa e disciplinas pessoais espirituais.

caminho, ao deitar-se e ao levantar-se. Também deve amarrá-las como sinal na sua mão, e elas lhe serão por frontal entre os olhos. E você as escreverá nos umbrais de sua casa e nas suas portas.

Vamos compartilhar ideias que podem nos estimular ao amor e às boas obras (Hebreus 10:24) em cada uma dessas áreas destacadas em Deuteronômio 6:4-9.

1. Hábitos ao levantar-se

A maneira como começamos o dia pode ter grande impacto no dia todo. Será que pegamos o celular assim que acordamos (ou até, durante a madrugada!)? Como utilizamos os primeiros momentos do dia individualmente? Como casal? Com os filhos? Como é o ambiente do lar no início do dia, que estabelece o tom para o resto do dia? Paz reina no lar? Como podemos facilitar isso?

Alguns hábitos que poderiam nos ajudar no início do dia:

- Ajoelhar/orar assim que acordar.
- Tocar música ambiental de louvor.
- Olhar para as Escrituras antes de olhar para o celular.
- Juntar a família para oração e bênção antes de sair de casa.
- Comprar um despertador digital, para não ter que ficar com o celular no quarto.
- Zelar por um ambiente de paz (sem negociar obediência e respeito).

2. Hábitos a caminho (no carro, na rua)

Quase toda família passa muito tempo junta em trajetos ou, naquilo que Deuteronômio 6 chama de "andando pelo caminho". Infelizmente, muitas vezes esses momentos são desperdiçados. Uma das melhores coisas que fizemos no início do nosso casamento foi ler juntos, em voz alta, enquanto nos dirigíamos para nossos respectivos serviços no início e no final do dia. Temos saudades daquelas duas horas juntos, só nós dois (antes dos seis filhos chegarem!), tão significativas para o nosso crescimento e divertimento conjugal.

Com a chegada dos filhos também podemos remir o tempo, mesmo que sejam poucos minutos "a caminho". Infelizmente, hoje é muito mais comum que as pessoas gastem o seu tempo olhando o celular ou brigando entre si!

O pai, em Provérbios, usa momentos estratégicos nos quais lições visuais e objetivas ensinam lições importantes ao filho: formigas na calçada (6:6-8); uma construção inacabada (24:30-34); uma lagartixa na parede (30:28); um bêbedo caído na rua (23:29-35); uma mulher oferecendo seu corpo (7:6-27).

Precisamos remir esses momentos oportunos que já temos enquanto estamos "a caminho". Alguns hábitos que poderiam nos ajudar incluem:

- Ter conversas intencionais.
- Partilhar lições objetivas.
- Ouvir músicas propositais.
- Desligar telas.
- Memorizar versículos ou catecismos.
- Orar antes e depois de viagens.
- Escutar audiolivros.
- Celebrar culto doméstico no carro.
- Fazer leituras como casal em voz alta.
- Preparar-se mental e espiritualmente ao dirigir-se de volta para o lar.
- Ouvir sermões e podcasts juntos.

3. Hábitos nas refeições

A frase "assentado em sua casa", em Deuteronômio 6, ressalta aqueles momentos em que partilhamos refeições familiares. Mas também pode se referir ao entretenimento que ocupa muito do nosso tempo no lar.

A refeição familiar tem uma longa história e uma importância ainda maior em muitas culturas. Antigamente, na cultura brasileira, as lojas se fechavam às 11 horas da manhã e reabriam à tarde, para que todos pudessem estar juntos para o almoço em casa. Hoje fica difícil para muitas famílias acharem tempo para sequer uma refeição por semana com todos os membros da família presentes. Mesmo quando estamos juntos, as telas onipresentes dividem a atenção daqueles que estão à mesa.

Talvez não possamos voltar aos "bons velhos tempos". Mas podemos criar hábitos saudáveis como parte de uma rotina familiar saudável. Pense em adotar alguns desses hábitos em suas refeições como casal:

- Comer juntos como casal, sempre que possível.
- Guardar todos os aparelhos e dispositivos (celular, tablet etc.) longe da mesa.
- Praticar hospitalidade com regularidade.
- Criar hábitos de refeições regulares com a família estendida ou com bons amigos.
- Prolongar algumas refeições para cultivar conversas e comunhão.
- Estar juntos na cozinha durante o preparo da refeição.
- Não trazer assuntos do trabalho para a mesa.
- Trabalhar juntos na limpeza pós-refeição.

A seguir, algumas ideias para quando a família crescer:

- Passar algum objeto (saleiro, por exemplo) e pedir que todos respondam perguntas sobre o dia.
- Fazer perguntas específicas e abertas (não só de "sim" ou "não").
- Não levantar e sair da mesa antes que todos tenham terminado de comer.
- Verificar que todos tenham a oportunidade de falar à mesa.
- Não permitir que uma pessoa domine as conversas.
- Cultivar um ambiente de paz e não conflito ao redor da mesa (sem negociar obediência e respeito por autoridade).
- Fazer leitura em voz alta enquanto todos limpam a cozinha/mesa.

4. Hábitos no entretenimento

Na nossa cultura, além das refeições, outra área que está incluída na frase "assentado em casa" é o entretenimento.

Muitas famílias reclamam que não há tempo suficiente no dia para realizar tudo que precisam fazer. Mas, se fizessem uma avaliação cuidadosa do uso do tempo, descobririam muitos "buracos negros" que sugam tempo e vida. Entre eles, a internet e a televisão. Nosso tempo realmente é bem limitado e certamente precisamos de momentos de desconcentração e lazer, para não nos tornarmos máquinas. Mas precisamos avaliar diante de Deus as muitas horas gastas assistindo filmes, jogando videogames, acompanhando notícias (quase sempre ruins), surfando sem propósito na internet e passando à toa pelas infinitas postagens nas mídias sociais. Infelizmente, muitas vezes falta-nos coragem para quebrarmos velhos hábitos que estão sutilmente moldando nossas vidas e a vida dos nossos filhos.

Alguns hábitos que poderiam nos ajudar no entretenimento enquanto "assentado em casa" incluem:

- Separar meia-hora depois de chegar em casa para conversar como casal e/ou brincar com os filhos.
- Jejuar das telas durante uma hora por dia.
- Estabelecer limites pessoais e familiares para o tempo nas telas.
- Limitar o tempo semanal que gastam assistindo filmes.
- Conversar intencionalmente sobre o conteúdo de programas assistidos.
- Evitar sites de conteúdo ilimitado (por exemplo, sites de notícias que não terminam).
- Programar mais atividades familiares que envolvem interação: jogos de mesa, quebra-cabeças e caminhadas.

5. Hábitos de crescimento espiritual

Deuteronômio 6 diz que devemos "inculcar" a Palavra de Deus na vida de todos da família. No texto, a palavra "inculcar" foi usada para descrever o processo repetitivo de afiar uma flecha. Muitos entendem que transmite a ideia de, intencionalmente, gravar no coração de todos a Palavra de Deus.

Além dos momentos informais e espontâneos aproveitados ao longo do dia para ensinar princípios bíblicos, existe, sim, a necessidade de propósito, disciplina e instrução, com foco no coração e centrado em Cristo.

Alguns chamam esse tempo de "culto doméstico", mas devemos ter cuidado para não transmitir a ideia de um "culto formal", em miniatura, em casa. Essa é uma das áreas onde a maioria dos casais têm sentido dificuldade, seja no tempo devocional individual, conjugal ou familiar.

Algumas sugestões de hábitos saudáveis incluem:

- Estabelecer o hábito do "culto doméstico" em algum horário nos quais todos já estão juntos.[3]
- Memorizar versículos juntos.
- Como casal, compartilhar o que tem descoberto em seu próprio tempo devocional.
- Escutar mensagens ou audiolivros em conjunto.
- Adotar catecismos para memorizar.
- Fazer noites só de louvor.
- Ler livros em voz alta, juntos.
- Orar juntos.
- Desenvolver um ministério juntos.
- Fazer viagens missionárias.
- Adotar missionários com oração, sustento, visitas ou presentes.

6. Hábitos ao Dormir

Por fim, queremos tratar de alguns hábitos que refletem o amor por Deus e por sua Palavra no final do dia, "ao deitar-te", nas palavras de Deuteronômio 6. Como nós terminamos o dia tem uma grande influência nos pensamentos da noite, na qualidade do sono, nos sonhos (ou pesadelos!) e nas perspectivas do próximo dia.

Alguns hábitos que poderiam fazer parte da sua rotina incluem:

- Estabelecer horários regulares de dormir, na medida do possível.
- Desligar as telas (TV, internet, celular) pelo menos 30 minutos antes de dormir.
- Pronunciar uma bênção sobre os filhos na hora de dormir e/ou orar com eles.

---

[3] Veja os livros *101 ideias criativas para o culto doméstico,* de David e Carol Sue Merkh e *Casamento nota 10,* David Merkh e Marcos Samuel Pereira dos Santos.

- Orar como casal antes de dormir.
- Dormir em horário adequado para começar bem o próximo dia.
- Evitar filmes muito envolventes, violentos e agitados antes de dormir.
- Estabelecer uma rotina todas as noites antes de dormir.

Ninguém será capaz de praticar mais que alguns desses hábitos do lar ao longo do dia. Mas eles podem ajudar muito na formação de rotinas que casais como Ana Paula e Cleber precisam. Somos o resultado das rotinas e dos hábitos que repetimos dia após dia, semana após semana, mês após mês e ano após ano. Por isso, devemos escolher bem as rotinas do nosso lar, especialmente nos primeiros anos de formação da família.

A LIÇÃO PRINCIPAL

Somos a soma das rotinas e dos hábitos que praticamos regularmente, que devem ser avaliados com muito cuidado.

PARA DISCUSSÃO

1. Como você reage à ideia de que "o ideal no casamento bíblico é que cada um se esforce, pela graça de Cristo, em dar 100% de si mesmo sempre que for necessário, sem calcular ganhos e perdas ou barganhar direitos".

2. Quais os hábitos "não negociáveis" que caracterizam a sua família? Vocês têm desenvolvido alguns hábitos pessoais e familiares nos momentos destacados acima?

3. Como você responde à ideia de "trabalhar mais inteligentemente e não, necessariamente, mais" no desenvolvimento de rotinas e hábitos saudáveis?

4. Dos hábitos listados, qual seria um em cada categoria que sua família poderia implementar nas próximas semanas?

RECURSOS

- *Hábitos – Como praticar a história de Deus na rotina familiar*, de Justin Whitmel Earley, Central Gospel, 2022.
- *A Pirâmide da Sabedoria*, de Brett McCracken, Thomas Nelson, 2023.
- *101 ideias criativas para o culto doméstico*, de David e Carol Sue Merkh, United Press, 2015.
- *Casamento nota 10*, de David Merkh e Marcos Samuel P. Santos, Hagnos, 2021.

YOUTUBE – PALAVRA E FAMÍLIA

- Playlist: "Hábitos do lar"

https://www.youtube.com/playlist?list=PLw7L4_qOwhO51opqD3dhD2_aSCT9Psg9D

- Playlist: Culto doméstico

youtube.com/playlist?list=PLw7L4_qOwhO5a3KAnF5YVEaimGuv3zE0s

- A mesa e o trono (como usar jogos de tabuleiro para enriquecer o tempo familiar e evangelizar vizinhos):

Parte 1:

https://www.youtube.com/watch?v=AY9lR10SGXs&t=169s

Parte 2:

https://www.youtube.com/watch?v=7BAu25rWKfA&t=492s

7

DAVID MERKH[1]

MEU CÔNJUGE, MEU AMIGO

---
[1] Este capítulo contou com uma revisão e alguns acréscimos do pastor Adeildo Luciano Conceição.

NA MANHÃ DE SÁBADO, depois de tomar seu café, Marcos sentou-se em sua poltrona predileta e começou a navegar pelas redes sociais em seu celular. Enquanto ele surfava despreocupadamente, alguém o observava de longe: Valéria, sua esposa, que o via da cozinha com um pensamento inquietante. Ela pensava sobre o casamento deles, que já havia completado cinco anos e cujo relacionamento amoroso havia gerado um lindo casal de filhos. Além do mais, era uma família trabalhadora e honesta, que servia de coração a Cristo e sua obra. Então, o que perturbava os pensamentos de Valéria ao observar seu marido? Enquanto o observava lendo, a seguinte pergunta a inquietou: "Afinal, quem é esse homem em minha sala?".

Muitos cônjuges se sentem assim: como se vivessem com estranhos. Isso acontece porque, com o decorrer do tempo, se esqueceram de cultivar a amizade no casamento. Essa amizade exige investimento na vida do cônjuge para que a intimidade entre ambos seja contínua e crescente.

Uma grande ameaça à amizade conjugal é o corre-corre dos dias atuais. O bom acaba tomando o lugar do excelente. Pouco a pouco, de forma sutil e, quase imperceptivelmente, perde-se a intimidade conjugal. Podemos alistar vários fatores que contribuem para o distanciamento do casal:

Trabalho que não deixa tempo para a família. Este fator traz consigo uma preocupação legítima, afinal, "se alguém não quer trabalhar, também não coma" (2Tessalonicenses 3:10). Mas, na tentativa de construir uma vida digna e melhor para nossa família, tanto o marido como a esposa podem exagerar. O salmo 127:1,2 nos alerta, "Se o Senhor não edificar a casa, em vão trabalham os que a edificam. Se o Senhor não guardar a cidade, em vão vigia a sentinela. Será inútil levantar de madrugada, dormir tarde, comer o pão que conseguiram com tanto esforço; aos seus amados ele o dá enquanto dormem". Se não estabelecermos limites no início do casamento, facilmente seremos sugados para dentro do buraco negro de trabalho interminável.

Ativismo religioso. Um conceito equivocado da nossa identidade em Cristo leva alguns cristãos (e muitas igrejas, infelizmente) a promover um ativismo, como se ganhasse pontos com Deus pela frequência em todo programa da igreja, ministérios sem fim e a incapacidade de dizer "não". Reconhecemos que alguns, em nome da família, tendem para o lado oposto: idolatram a família ao ponto de tê-la como centro de tudo. Se isolam de todo o envolvimento com terceiros. Isso também não é correto. A família é um meio para se alcançar o fim de glorificar a Deus até os confins da terra. O texto que já vimos, Deuteronômio 24:5, enfatiza a importância de se estabelecer esse firme fundamento de amizade no relacionamento conjugal no primeiro ano do casamento: "Um homem recém-casado não sairá à guerra, nem lhe será imposto qualquer encargo. Durante um ano ficará livre em casa e fará feliz a mulher com quem se casou".

Encontrar um equilíbrio nesta área não é fácil e cada casal terá que avaliar seu envolvimento nas atividades da igreja ou de algum ministério. Fica bem lembrar as palavras do autor e pastor Warren Wiersbe:

> "Se seu ministério está prejudicando seu lar, há algo de errado ou com seu lar ou com seu ministério ou ambos. Deus normalmente não destrói uma coisa boa para construir outra. Se seu lar está competindo com seu ministério e criando uma tensão desconfortável, você precisa parar e avaliar tudo e fazer algumas mudanças radicais".[2]

---

[2] WIERSBE, Warren. *On being a servant of God*, p. 98.

Alguns vícios roubam o tempo da família. Não é pecado o marido jogar futebol com os irmãos da igreja no sábado à tarde. Porém, isso pode se tornar um hábito que roubará *todas* as tardes livres no fim de semana, que poderiam ser usadas para a família. Da mesma forma, assistir TV, sair com amigos, bater papo nas mídias sociais e outras atividades, que em si mesmas não são erradas, acabam roubando diariamente um tempo precioso para se investir no fortalecimento da amizade conjugal.

Foco de energia e atenção na criação dos filhos. Este é um fator muito comum no lar. Depois que o filho nasce, os pais passam a se dedicar de corpo e alma aos cuidados do bebê, que é algo essencial. Mas, às vezes, o "filhocentrismo" pode tomar conta da vida do casal ao ponto do relacionamento a dois sofrer. O fundamento da família tem que ser a união conjugal ("Por isso deixa o homem pai e mãe...") e não o eixo pai-filho.

ALIANÇA COMO A REDOMA PARA AMIZADE

Um casamento bíblico estabelece-se sobre o fundamento de aliança: compromisso que serve como uma redoma, ou estufa, que protege o casamento, para que ele floresça. Essa aliança dá condições para os dois crescerem juntos, num ambiente de segurança e compromisso total, sabendo que, aconteça o que acontecer, nada desarraigará suas vidas do solo desse amor.

Esse fundamento do casamento encontra-se em Gênesis, onde descobrimos que o relacionamento a dois é mais forte que o próprio DNA, o código genético herdado dos seus pais, que está impresso em cada célula e cada cromossomo dos seus corpos: "Por isso, o homem deixa pai e mãe e se une à sua mulher, tornando-se os dois uma só carne" (Gênesis 2:24). O casal teria que negar sua herança biológica, antes de negar seu cônjuge.

Deixamos todos os terceiros, porque formamos uma aliança de exclusividade bilateral. Grudamos em nosso cônjuge, porque selamos um pacto de fidelidade. Crescemos no conhecimento mútuo (espiritual, intelectual, social, emocional e físico) porque temos um compromisso de intimidade.

Malaquias 2:14 junta as ideias de aliança (como fundamento do lar) e amizade (como seu ideal) em um texto: "O Senhor foi testemunha da aliança entre você e a mulher da sua mocidade, a quem você foi infiel, sendo ela a sua companheira e a mulher da sua aliança". No texto, o termo "companheira" pode ser compreendido como "amiga".

A seriedade do compromisso dos votos e a verbalização da aliança dão segurança ao casamento. Cria as condições ideais para que o relacionamento floresça e gere frutos para a glória de Deus.

AMIZADE COMO O IDEAL DO CASAMENTO

Se aliança é a redoma que dá segurança para o casamento, amizade é a flor que brota nela. O casamento que não chega a esse nível de intimidade e amizade nunca alcança o ideal que Deus tencionou. Essa é a beleza da declaração da amada em Cantares, "Eu sou do meu amado, e ele é meu. Ele apascenta o seu rebanho entre os lírios" (2:16; 6:3).

O livro de Provérbios traça pelo menos quatro "níveis" de relacionamento interpessoal, desde "colega" e "vizinho" até "amigo" (aquele que ama) e "íntimo" (veja Provérbios 18:24; 27:10; 2:17). Este último nível de relacionamento, traduzido como "maiores" amigos em Provérbios 16:28, refere-se ao relacionamento entre marido e esposa em Provérbios 2:17 (o "amigo" da mocidade). O termo descreve uma pessoa com quem alguém tem liberdade total de se abrir, expor os seus pensamentos mais íntimos, suas dores, suas alegrias, suas derrotas e suas vitórias. Fala de um relacionamento tão exclusivo, tão especial, de absoluta confiança, mas ao mesmo tempo tão vulnerável, que culmina em intimidade total, um compartilhar de tudo que são. Adão e Eva foram criados com esse grau de intimidade, mas um dos primeiros efeitos do pecado foi estragar a amizade conjugal.

O padrão bíblico para um casal é que os cônjuges sejam grandes amigos entre si, desenvolvendo uma intimidade cada vez maior em todas as esferas da vida: intelectual, emocional, física e espiritual. Esse é o alvo: meu cônjuge, meu (melhor) amigo!

Se o padrão bíblico para o casamento envolve um compromisso que leva para a intimidade (amizade), podemos perceber por que Satanás ataca o casamento justamente nesse ponto. Enquanto a Palavra de

O padrão bíblico para um casal é que os cônjuges sejam grandes amigos entre si, desenvolvendo uma intimidade cada vez maior em todas as esferas da vida: intelectual, emocional, física e espiritual. Esse é o alvo: meu cônjuge, meu (melhor) amigo!

Deus afirma: "Que ninguém separe o que Deus ajuntou" (Mateus 19:4-6), o alvo de Satanás é romper o relacionamento conjugal.

Por isso o casal tem a responsabilidade de proteger seu relacionamento e desenvolver sua amizade a qualquer custo. Intimidade no casamento tem que ser cultivada. No namoro e no noivado, a terra é preparada, enquanto crescemos no entendimento mútuo e autossacrifício. No dia do nosso casamento, as sementes são plantadas no jardim matrimonial. O relacionamento tem que ser trabalhado e cultivado: precisamos capinar, arrancando as pragas de egoísmo, ativismo e preguiça que ameaçam estrangular as plantas pequenas. Precisamos molhar as plantas, dar nutrição para elas, junto com o calor do sol e bastante espaço para crescer.

Assim precisamos crescer como casal, cultivando nosso relacionamento como melhores amigos, compartilhando as alegrias e as tristezas da vida a dois, investindo tempo de qualidade e quantidade juntos. Precisamos erguer cercas ao redor do nosso relacionamento, cercas que não admitam que terceiros atropelem o nosso jardim, sejam eles amigos, parentes, trabalho, ministério, ou, no pior dos casos, concorrentes. Todos esses podem matar o jardim e destruir a amizade conjugal.

DESENVOLVENDO O MINISTÉRIO "MARIDO/ESPOSA"

A instituição do casamento no jardim do Éden deixa claro que Deus tencionou que a amizade e intimidade conjugal se desenvolvessem através do ministério mútuo entre marido e esposa (Gênesis 2:18-24). Uma vez casados, esse ministério marido/esposa toma precedência sobre todos os outros. Esse foi o plano original de Deus e continua assim no Novo Testamento (1Timóteo 3:4,5,12; 1Coríntios 7:32,33).

Alistamos algumas implicações desse princípio:

- O casal deve servir um ao outro, completando e não competindo um com o outro.
- Casamo-nos com uma pessoa que é diferente de nós e por isso devemos *apreciar* as diferenças, sem tentar recriar nosso cônjuge à nossa imagem!

- Ministramos cada um para o outro, conforme o padrão bíblico em que maridos amam sacrificialmente suas esposas como o "líderes-servos" do lar; esposas respeitam e apoiam seus maridos através de um espírito manso e submisso (Efésios 5:25-33; Provérbios 31:10-31; 1Pedro 3:1-7).
- O ministério marido/esposa baseia-se na definição de amor bíblico, que sempre visa o bem-estar do outro e não de si mesmo (1Coríntios 13:4-7).

A PERDA DO PRIMEIRO AMOR

Há várias etapas em um casamento. Mesmo que aquela "paixão" do início do relacionamento não continue acompanhada pelos mesmos hormônios que experimentávamos durante o namoro e noivado, a profundidade do nosso amor deve aumentar. E se isso não acontecer, devemos nos preocupar. A pergunta chave é: "Será que a amizade com seu cônjuge está aumentando ou diminuindo?". Amizade conjugal deve ser a base do relacionamento a dois. Mas esse nível de compromisso e companheirismo, como qualquer investimento lucrativo, envolve sacrifícios e alguns riscos.

O próprio Senhor Jesus acusou sua amada igreja da cidade de Éfeso de ter abandonado seu primeiro amor: "Tenho, porém, contra você o seguinte: você abandonou o seu primeiro amor. Lembre-se, pois, de onde você caiu. Arrependa-se e volte à prática das primeiras obras. Se você não se arrepender, virei até você e tirarei o seu candelabro do lugar dele" (Apocalipse 2:4,5). Suas diretrizes para voltar ao primeiro amor servem tanto para nossa vida espiritual, como para a vida a dois:

- Lembrar-se dos "bons velhos tempos".
- Arrepender-se (dos erros do passado que levaram a um distanciamento).
- Repetir as primeiras obras.

Se você sente que sua amizade conjugal está enfraquecida, esses conselhos podem renovar seu amor.

CRESCENDO EM AMIZADE CONJUGAL: IDEIAS PRÁTICAS

Voltando ao caso de Marcos e Valéria, como eles poderiam melhorar sua amizade conjugal? Podemos sugerir algumas ideias práticas:

- Lembrar o que faziam antes, no período do namoro/noivado, mas que parou, e repetir as "primeiras obras".
- Desenvolver um hobby juntos.
- Envolver-se juntos em algum ministério na igreja: no ministério infantil, em um grupo pequeno com outros casais, na recepção, no berçário, em uma comissão de missões ou outro departamento da igreja.
- Estabelecer alvos conjugais em conjunto (finanças, viagens, conquistas etc.).
- Fazer atividade física juntos (andar, correr, jogar tênis).
- Ler livros juntos, em voz alta.
- Participar de um retiro de casais.
- Passear (no shopping, parque ou outro lugar).
- Fazer compras juntos.

Graças a Deus, há esperança para casais como Marcos e Valéria. Nunca é tarde demais para renovar uma amizade. Basta crer e investir no seu melhor amigo: seu cônjuge. Essa é a chave para reconquistar seu primeiro amor.

A LIÇÃO PRINCIPAL

O casamento bíblico é uma aliança que fortalece a amizade quando ambos vivem "um para o outro e ambos para Deus!"

PARA DISCUSSÃO

1. Quais as maiores ameaças à amizade conjugal que você tem percebido em outros casais ao longo do casamento?
2. Em que sentido o compromisso de fidelidade vitalícia à aliança conjugal serve como redoma para o desenvolvimento de uma amizade segura?
3. Como um casal pode manter viva a sua amizade ou renovar seu primeiro amor, caso este tenha diminuído?
4. Em quais sentidos o ministério "marido-mulher" constitui-se no primeiro ministério que Deus deu aos casados? Como priorizar esse ministério, sem torná-lo um ídolo?

RECURSOS

- "Aliança conjugal: união indissolúvel" em *15 lições para transformar seu casamento*, de David e Carol Sue Merkh, Hagnos, 2020.
- "Amizade conjugal: amigos para sempre" em *15 lições para transformar seu casamento*, de David e Carol Sue Merkh, Hagnos, 2020.

YOUTUBE – PALAVRA E FAMÍLIA

- Meu cônjuge, meu amigo
https://www.youtube.com/watch?v=TnfJC0H1HAw&t=366s

8

RICARDO LIBANEO

UNIDOS DE ALMA

NELSON ESTAVA crescendo muito na sua vida com Deus. Por isso, quando ele e Amanda começaram a namorar, seus encontros eram marcados por estudos bíblicos, oração e conversas edificantes. Era um casal que tinha tudo para dar certo, afinal, amavam a Deus. Mas o trabalho de Nelson começou a roubar a sua devoção e tempo com Deus. Já Amanda insistia em aproveitar os finais de semana a dois, e, aos poucos, ambos se distanciaram da igreja. Logo, os problemas começaram a surgir.

Sabemos que a vida espiritual fundamenta todas as outras áreas da vida conjugal. Por que, então, tantos casais lutam para manter essa união de alma?

Vamos tratar dessa questão no resto deste capítulo.

O "DIVÓRCIO DO SONO"

Há um fenômeno que tem crescido entre os casais, chamado de "divórcio do sono".[1] É a prática do casal de dormir em quartos diferentes. A justificativa seria o cuidado da saúde por meio de uma noite bem dormida. Se o cônjuge ronca, se mexe muito ou vai várias vezes ao banheiro durante a noite, isso pode prejudicar o sono do outro. A solução adotada por muitos casais tem sido dormir separados.

Apesar de parecer uma prática inofensiva, os próprios casais que adotam o "divórcio do sono" reconhecem que isso afeta sua intimidade. Ou seja, para garantir uma noite mais confortável, sacrificam sua conexão emocional.

---

[1] PÁUL, Fernanda. Por que cada vez mais casais estão dormindo separados, *BBC News* (online).

Cada um dorme e acorda no horário que quer, criando sua própria rotina, independente do outro. Uma noite mal dormida é um problema. A solução, porém, deveria considerar a intimidade do casal, afinal, Deus estabeleceu que eles devem ser "uma só carne" (Gênesis 2:24).

O "divórcio do sono" demonstra a tendência do mundo em seguir o que é mais confortável para o pecado (Efésios 2:1-3). Viver de forma independente do cônjuge quase sempre parecerá mais confortável, pois alimenta nosso egoísmo (Provérbios 18:1). Enquanto Deus direciona o casamento para que o casal se torne um, ou seja, cresça em intimidade, especialmente a intimidade espiritual, a sociedade caminha na direção inversa.

Para compreendermos melhor os fatores que levam ao afastamento espiritual do casal, voltemos para Gênesis e a história por trás disso. Depois, procuraremos a solução no resgate feito por Jesus.

A INTIMIDADE PREJUDICADA PELO PECADO

> Mas a serpente, mais astuta que todos os animais selvagens que o Senhor Deus tinha feito, disse à mulher: — É verdade que Deus disse: "Não comam do fruto de nenhuma árvore do jardim?" (Gênesis 3:1).

TRANSPARÊNCIA VERSUS MALÍCIA

Vimos que o capítulo dois de Gênesis é concluído com o alvo de todo casamento: a intimidade plena, sem o constrangimento do pecado. O homem e a mulher viviam nus e não sentiam vergonha (2:25). A unidade na intimidade reflete a imagem do Deus Trino.

Mas o próximo capítulo começa nos alertando que algo vai mudar. No texto original há um jogo de palavras. A palavra "nus", em hebraico, soletra-se igual a palavra "astuta". São homônimas – escritas iguais, mas com significados diferentes, como a fruta "manga" e a "manga" da camisa, em português. A ideia é que, enquanto o casal é transparente e sem malícia, a serpente é esperta para se aproveitar dessa inocência.

Sabemos que a serpente é Satanás, pois a própria Bíblia afirma isso (Apocalipse 12:9,10). Ele odeia a imagem de Deus refletida no homem e na mulher. O fato de Gênesis 3:1 vir logo depois de Gênesis 2:25 mostra sua pressa em jogar lama no reflexo de Deus no casamento. Sua missão ainda não acabou. Aliás, à medida que o tempo passa, mais feroz ele fica, pois sabe que seu tempo está acabando (Apocalipse 12:12). Por isso é importante conhecer suas armas (2Coríntios 2:11).

Dúvida sobre a Palavra de Deus

Satanás coloca dúvidas sobre o caráter e a Palavra de Deus. Que criador é esse que colocaria o casal em um jardim cheio de alimento perfeito e o proibiria de comê-lo? Mas, não foi isso que o Senhor fez. Ele deu ao homem e a mulher todas as árvores do jardim para comer, menos uma (Gênesis 2:16-17).

A estratégia satânica não mudou. O diabo continua semeando dúvidas sobre o caráter e a Palavra de Deus (2Coríntios 11:3). Hoje as pessoas querem atualizar a Bíblia, adaptando padrões bíblicos para casamento, por exemplo, para se encaixar em nossos padrões pecaminosos. Divórcio, recasamento, papel do marido e da esposa, criação de filhos e outras orientações práticas para a família são questionadas, colocando a bondade de Deus em xeque.

E qual tem sido o resultado disso? Mais e mais lares destruídos!

Confusão sobre a Palavra de Deus

> A mulher respondeu à serpente: – Do fruto das árvores do jardim podemos comer, mas do fruto da árvore que está no meio do jardim, Deus disse: "Vocês não devem comer dele, nem tocar nele, para que não venham a morrer" (Gênesis 3:2-3).

Ao responder à serpente, Eva desvirtua a palavra de Deus. Apesar de parecer pequeno, todo desvio na Palavra é grave (Josué 1:7; Apocalipse 22:19). Quando ela afirma que poderiam comer dos frutos das árvores do jardim, ela não cita que poderiam comer "livremente" (Gênesis 2:16). Sobre a proibição de comer do fruto da árvore que está no meio do jardim, ela acrescenta que não deveriam "nem tocar nele", algo que Deus não disse. A razão da proibição, segundo ela: "para que não venham a morrer", omite o "certamente" morrerá.

Em nosso casamento, quando fazemos confusão sobre a Palavra de Deus, dando interpretações erradas a textos bíblicos, acrescentando ou tirando o que o Senhor disse, conduzimos nossa família para o desastre, como aconteceu com o primeiro casal. A Palavra de Deus é perfeita e nos conduz ao "muito bom", como vemos em Gênesis 1:31. Mas ir contra a Palavra nos levará justamente ao caminho contrário, do "muito bom" ao caos.

Negando a Palavra de Deus

> Então a serpente disse à mulher: – É certo que vocês não morrerão. Porque Deus sabe que, no dia em que dele comerem, os olhos de vocês se abrirão e, como Deus, vocês serão conhecedores do bem e do mal (Gênesis 3:4-5).

Uma vez que Eva já está envolvida na conversa, confusa sobre o que Deus disse, a serpente dá o bote. Ela deliberadamente faz uma afirmação contra a Palavra do Senhor. A ênfase que Eva omitiu, "certamente" morrerá, Satanás usa contra o que Deus disse: "Certamente não morrerão". O pai da mentira (João 8:44) acusa o Pai da verdade (João 17:17) de mentir.

Mais uma vez a serpente questiona o caráter de Deus, afirmando que, com essa proibição, o Senhor os estava privando de serem como ele. A serpente diz a Eva que eles poderão ser como Deus caso comam do fruto proibido. Mas oferece aos dois o que eles já tinham: imagem e semelhança de Deus.

Ainda hoje o pecado oferece o que já temos em Deus: a alegria e satisfação (Salmos 23:1; João 10:10). Aquele que criou o casamento sabe como ele funciona, de forma a trazer alegria e satisfação ao casal. Mas o pecado questiona a sabedoria e as intenções do Criador, apontando um outro caminho, prometendo ainda mais satisfação. O resultado? É só olharmos a situação das famílias no mundo.

Siga seus desejos

> Vendo a mulher que a árvore era boa para se comer, agradável aos olhos e árvore desejável para dar entendimento, tomou do seu fruto e comeu; e deu também ao marido, e ele comeu (Gênesis 3:6).

Uma vez que a Palavra de Deus é descartada, o que vai direcionar nossas ações? Quem vai determinar o que é certo e o que é errado? Os nossos desejos. Veja o que atrai a atenção de Eva: "A árvore era boa para se comer". O fruto parece gostoso. O fruto era "agradável aos olhos". É bonito e desperta nosso desejo. Imagine como deve ter sido um fruto perfeito, no jardim do Éden, antes do pecado, das pragas e dos bichos que estragam! O fruto era "desejável para dar discernimento", pois daria o conhecimento do bem e do mal. Os faria como Deus. Sua importância aumentaria. Então Adão e Eva comem do fruto.

1João 2:15,16 nos ensina que há três desejos por trás do pecado: o desejo da carne (boa para se comer), o desejo dos olhos (atraente aos olhos) e a soberba da vida (desejável para dar entendimento). Se não seguimos os desejos de Deus conforme sua Palavra, vamos seguir os nossos desejos.

No casamento, se não formos guiados pelo padrão de Deus, ficaremos à mercê dos nossos próprios desejos. Agiremos segundo o que nos dá prazer, o que nos atrai, o que cremos que nos fará mais importantes. Mas esses desejos, quando se opõem à vontade de Deus, são enganosos. Ao invés de satisfação, trazem a morte (Tiago 1:14-15).

O fim do "tornando-se um"

> Então os olhos de ambos se abriram; e, percebendo que estavam nus, costuraram folhas de figueira e fizeram cintas para si (Gênesis 3:7).

Assim que o casal rompe com Deus, indo contra à sua Palavra e duvidando da sua bondade, eles experimentam os resultados no seu próprio relacionamento como casal. Ambos percebem que estão nus, como de fato sempre estiveram, mas agora sentem vergonha. Ao invés de transparência inocente, sem malícia e vergonha, agora têm culpa, pecado e vergonha. Eles não têm mais a liberdade na intimidade que tinham antes. A intimidade do casal foi afetada quando a intimidade com o Criador foi rejeitada.

Eles até tentam dar um jeitinho, costurando cintas com folhas de figueira para amenizar sua vergonha. Mas não funciona. No verso seguinte eles se escondem de Deus, porque sabem que ainda estão nus (Gênesis 3:8-10). Folhas de figueira não escondem a vergonha causada por desprezarmos a Palavra de Deus (Hebreus 4:12-13).

É didático observar como a passagem começa (Gênesis 2:25) e como termina (Gênesis 3:7). Quando olhamos o que nos levou da intimidade plena para intimidade limitada (Gênesis 3:1-6), entendemos o que nos impede de usufruir do "tornando-se um": a falta da Palavra de Deus.

UM EXEMPLO NO NOVO TESTAMENTO

> E, por haverem desprezado o conhecimento de Deus, o próprio Deus os entregou a um modo de pensar reprovável, para praticarem coisas que não convém (Romanos 1:28).

Em Romanos, vemos um padrão semelhante. Paulo diz que os homens desprezaram a Deus, seguindo seus raciocínios tolos, não o glorificando como deveriam (Romanos 1:18-23). Por isso o Senhor os entrega aos seus próprios desejos. Lembre-se: se não seguimos o desejo de Deus, seguimos o nosso. Eles trocaram a verdade de Deus pela mentira, assim como Adão e Eva. Serviram às criaturas ao invés do Criador, como o primeiro casal trocou Deus pela serpente (Romanos 1:24-25). Como consequência o homem é entregue à perversão sexual (Romanos 1:26-27) e à destruição dos relacionamentos (Romanos 1:28-32).

Observe como nesse texto a situação caótica da intimidade nos relacionamentos é destruída com o primeiro passo de desprezar a Deus.

O resgate do "tornando-se um"

Se a intimidade do casal é enfraquecida por se afastarem de Deus, logo a restauração acontece por se reaproximarem do Senhor. Para mostrar isso, vamos usar a carta de Paulo aos Efésios.

Nos primeiros capítulos de Efésios, Paulo explica como Deus nos aproxima dele por meio da morte e ressurreição de Cristo (Efésios 1:3-16), resgatando-nos da morte (Efésios 2:1-10) e restaurando nossa esperança (Efésios 2:10-13). Esse resgate tem o propósito de revelar sua glória naqueles que foram salvos (Efésios 1:6,12,14; 2:7; 3:10).

Uma vez que fomos reconduzidos à adoração a Deus, não mais vivemos de acordo com os nossos desejos, mas segundo a imagem de Deus e sua verdade (Efésios 4:20-24).

Viver espelhando a imagem de Deus no casamento implica na esposa se submeter e respeitar o marido (Efésios 5:22-24) e o marido amar sacrificialmente a esposa, segundo o exemplo de Cristo (Efésios 5:25-30), crescendo assim em unidade, tornando-se os dois uma só carne, refletindo a imagem de Deus no relacionamento com a igreja em Cristo (Efésios 5:31-33).

O que é interessante observar em Efésios é que, logo após apresentar a restauração do casamento em Cristo, Paulo nos alerta sobre os ataques diabólicos, a mesma sequência que vemos em Gênesis, quando a serpente atacou o casal logo após a criação da família (Efésios 6:10-18). A armadura apresentada por Paulo nos aponta para Jesus e sua obra, a Palavra de Deus e a oração.

CULTIVANDO A DEVOÇÃO A DEUS PARA TORNAR-SE UM

Diante dessa verdade, o que precisamos fazer para crescermos em intimidade como casal? Devemos crescer em intimidade com Deus.

Alguém já apresentou a figura de uma pirâmide que representa esse princípio. Deus no topo e o casal na base, cada um de um lado. Quanto mais se aproximam de Deus, mais se aproximam um do outro.

1. Amem a Deus

O primeiro passo para crescer em devoção é uma decisão de amar a Deus. O amor não depende de um sentimento, pois nossos sentimentos são influenciados pelo egoísmo (Jeremias 17:9). Amar é ir contra nossos desejos em benefício do nosso objeto de amor (1Coríntios 13:4-7). Decidir amar a Deus é obedecer a ele independente de sentirmos vontade ou não (João 14:21). Quando decidirmos amar a Deus, não seremos seduzidos pelo pecado, pois não seguimos nosso desejo, mas aquele a quem amamos.

Quando vocês se casaram e fizeram os votos de amarem um ao outro, também se comprometeram em amar a Deus em primeiro lugar? Por mais que pareça óbvio aos cristãos, reafirmar esse amor ajuda a não esquecermos o que mantém o amor entre o casal.

2. Estudem a Palavra

Não podemos ignorar a realidade da batalha espiritual no contexto da família. O diabo continua nos tentando ao nos afastar da Bíblia e nos seduzir pelos nossos desejos. No deserto, Jesus foi tentado nas mesmas áreas que Eva: no desejo da carne, quando o diabo propõe transformar pedras em pães (Mateus 4:3); na soberba da vida, quando propôs que Jesus se jogasse de cima do templo para ser servido pelos anjos (Mateus 4:6); no desejo dos olhos ao mostrar-lhe todos os reinos do mundo e seu esplendor, oferecendo-os, caso Jesus se prostrasse e o adorasse (Mateus 4:8,9). Como Jesus resistiu? Submetendo-se à Palavra, dizendo "está escrito" (Mateus 4:4,7,10).

Vamos resistir ao ataque do diabo quando nos submetermos às Escrituras (Salmos 119:11). O marido é chamado a amar a sua esposa, investindo na sua santificação por meio da Palavra (Efésios 5:25-27). A Bíblia é o manual do Criador para vivermos o casamento da forma correta (2Timóteo 3:16,17).

Invistam no crescimento individual na Palavra. Estudem a Bíblia com disciplina. Estudem, não apenas leiam. Aprendam a interpretar os textos, tirando aplicações práticas que mudam a nossa vida. Busquem ajuda com irmãos mais maduros na igreja, em livros de interpretação bíblica ou cursos online.

Invistam no crescimento como casal. Compartilhem o que estão estudando um com o outro. Conversem sobre as pregações que assistem juntos. Leiam livros cristãos juntos. Busquem aconselhamento bíblico com casais piedosos mais maduros. Comecem a prática de um culto doméstico, separando um horário e um dia em que vocês se reunirão para adorar a Deus como família. Deve ser algo simples e leve, com a leitura da Bíblia, oração e cânticos. Podem até escrever uma mensagem de encorajamento para um missionário. Mesmo que no início seja só o casal, é importante que se torne um hábito. Hábitos saudáveis estabelecidos no começo do casamento têm a tendência de permanecer ao longo dos anos.

3. Orem

> Vigiem e orem, para que não caiam em tentação; o espírito, na verdade, está pronto, mas a carne é fraca (Mateus 26:41).

Nos últimos momentos antes de ser preso, Jesus se dedicou à oração e alertou seus discípulos para orarem a fim de não caírem em tentação. A serpente destruiu a intimidade do primeiro casal ao seduzi-los por meio da tentação. Jesus nos dá a dica de como não cair. Se quisermos proteger nosso casamento, precisamos orar.

Orem individualmente. Separe um momento do dia e agende esse tempo como o compromisso de orar. Se deixarmos para orar no tempo que sobrar, demonstraremos que essa não é uma prioridade e esse tempo nunca sobrará.

Orem como casal. Orem um pelo outro juntos. Compartilhem motivos de oração. Orem pelos assuntos que conversam. Orem pelas pessoas de quem vocês falam. Orem pelas tentações que enfrentam. Orem pelo casamento de vocês.

Orem a Palavra. Nossa tendência é fazer da oração um pedido de lanchonete fast-food. Pedimos que Deus transforme nossa vida para ser fácil e cômoda. Mas estudem as orações da Bíblia e aprendam a orar conforme a vontade de Deus (1João 5:14,15). Olhem os salmos, para aprenderem a orar nos momentos difíceis (Salmos 42:5). Estudem as orações de Paulo, para saberem pelo que orar: por si mesmo e para os outros (Efésios 1:15-23; 3:14-21).

4. Sirvam na igreja

Alguns cristãos desprezam o valor da igreja no crescimento pessoal. Creem que apenas o estudo bíblico e a oração individual sejam suficientes. Esquecem-se que Deus trabalhou na transformação de indivíduos no contexto coletivo, do povo de Israel no Antigo Testamento e da igreja no Novo Testamento. A Bíblia diz que crescemos em maturidade à semelhança de Cristo quando servimos dentro da igreja (Efésios 4:12-16).

Sejam frequentes no envolvimento de uma igreja local saudável (Hebreus 10:25). Sirvam em ministérios de acordo com o dom de vocês (1Coríntios 12:4-11). Invistam intencionalmente na vida de irmãos, visando o crescimento deles e de vocês (Colossenses 3:16). Participem do ministério de casais para serem expostos a assuntos que vocês lidarão como casal.

CONCLUSÃO

Nelson e Amanda precisam aprender que a intimidade entre eles depende da intimidade que têm com Deus. Cultivar a devoção ao Senhor irá alimentar a devoção de um para o outro. Nosso relacionamento vertical é a base para nosso relacionamento horizontal.

A LIÇÃO PRINCIPAL

O relacionamento entre marido e esposa depende do relacionamento dos dois com Deus.

PARA DISCUSSÃO

1. Quais fatores afastam um casal um do outro no sentido espiritual, ao longo do casamento?
2. Vocês percebem a influência da vida devocional em seu relacionamento matrimonial? Como?
3. A Palavra de Deus tem sido a autoridade na família de vocês? Há alguma prática frequente que vai contra o ensino das Escrituras?
4. Quais práticas devocionais vocês têm praticado como casal? Em quais vocês precisam crescer?

RECURSOS

- *Casamento nota 10: Devocionais para um relacionamento feliz e duradouro*, de David Merkh e Marcos Samuel P. Santos, Hagnos, 2021.
- *Cantares para casais*, de David Merkh, Hagnos, 2022.
- *As misericórdias do Senhor renovam-se a cada manhã: leituras diárias centradas na mensagem do Evangelho*, de Paul Tripp. Peregrino, 2016.

YOUTUBE – PALAVRA E FAMÍLIA

- Casamento nota 10: Devocionais para casais
https://www.youtube.com/watch?v=J_aPjr8fbII

PARTE 2

TORNANDO-SE UM

9

RICARDO LIBANEO

UM PELO OUTRO, AMBOS PARA DEUS: TORNANDO-SE UM

FLÁVIO E KÁTIA estão decepcionados com seu casamento. Ele imaginou que nunca mais iria lutar com o desejo sexual depois de casado, mas quase sempre que ele procura Kátia para se satisfazer, ela não está com vontade. Ela, por sua vez, sonhava com um marido romântico e líder espiritual, mas ele esquece as datas comemorativas e não tem iniciativa nem para orar nas refeições. Ambos se sentem cada vez mais distantes um do outro. O casamento não é tudo o que eles esperavam.

CASAMENTO PARA MIM É...

Muitos casamentos não dão certo porque os casais não sabem o que é o casamento. Então, cada um desenvolve sua própria definição e tenta fazer o casamento dar certo de acordo com o que pensa. Assim, vivemos um caos familiar semelhante ao caos do povo de Israel no período dos juízes, em que não havia padrão e cada um fazia do jeito que achava melhor (Juízes 21:25).

É como se não soubéssemos qual é a função de uma chave de fenda. Logo, cada um desenvolveria um propósito para ela e a usaria segundo esse propósito. Uns usariam para martelar. Outros tentariam abrir portas. Outros, ainda, a usariam para coçar as costas. Todos ficaríamos frustrados, pois a chave de fenda não cumpriria nenhuma dessas funções com eficácia. O resultado? A chave de fenda seria descartada por ser inútil para suprir as nossas expectativas.

Assim acontece com o casamento. Uns têm a expectativa de que ele serve para nos libertar da solidão. Outros, para realizar seus sonhos de encontrar o príncipe ou a princesa. Alguns, para satisfazer seus desejos sexuais. De modo geral, todos esperam encontrar no casamento alguém que lhe sirva nos seus desejos egoístas e, a partir daí, vêm as brigas entre o casal (Tiago 4:1-3). Por mais que, de alguma forma, o casamento supra parcialmente cada uma das expectativas citadas, ele não o fará plenamente e eficazmente, pois não foi criado para isso. Assim, o casamento é descartado por ser inútil para suprir essas expectativas na sociedade de hoje.

Porém, nesse assunto, não estamos abandonados à nossa própria criatividade. A Bíblia começa com o casamento de Adão e Eva (Gênesis 2:18-25) e termina com o casamento do Cordeiro e sua noiva, a igreja (Apocalipse 19:6-9). A mensagem das Escrituras pode ser resumida em uma história de casamento (cf. Ezequiel 16; Oseias 1-3 e Efésios 5:31,32). Se queremos usufruir da benção de Deus para o matrimônio, precisamos vivê-lo segundo a sua vontade, já nos primeiros anos.

AFINAL, O QUE É O CASAMENTO?

- O casamento é a manifestação do próprio Deus através do relacionamento do casal

> "O Senhor Deus disse ainda: — Não é bom que o homem esteja só; farei para ele uma auxiliadora que seja semelhante a ele" (Gênesis 2:18).

Gênesis 1 mostra, de forma resumida, a criação dos céus e da terra, incluindo o homem e a mulher (Gênesis 1:1, 26-28). Diferente dos vegetais, que foram criados com sementes segundo as suas espécies (Gênesis 1:11-13), e dos animais, que foram criados segundo as suas espécies (Gênesis 1:20-25), o homem e a mulher não foram criados segundo a sua espécie, mas à imagem e semelhança de Deus (Gênesis 1:26-28). Ou seja, o propósito do homem e da mulher é refletir a imagem, a glória de Deus. E não só isso, eles são ordenados a multiplicar essa imagem: "E Deus os abençoou e lhes disse: – Sejam fecundos, multipliquem-se, encham a terra e sujeitem-na" (Gênesis 1:28).

Porém, quando chegamos em Gênesis 2, Moisés nos conta com mais detalhes como foi a criação do homem e da mulher. Somos surpreendidos com uma avaliação negativa de Deus sobre sua própria criação: "Não é bom que o homem esteja só" (2:18).

Descobrimos, então, que Deus criou o homem sozinho. E depois de criá-lo, diferente do que vemos repetidamente no capítulo um: "viu que isso era bom" (Gênesis 1:4,10,12,18,21,25), Ele diz "não é bom". Por quê? Porque o homem sozinho não consegue cumprir o seu propósito de refletir a imagem de Deus e multiplicá-la. Para isso é necessário relacionamento.

Deus criou o homem primeiro e sozinho para nos mostrar que relacionamentos são importantes, pois neles refletimos a sua imagem. O amor, a fidelidade, bondade, graça e misericórdia, que fazem parte do caráter de Deus, são atributos comunitários expressos somente por meio dos relacionamentos. Por isso isolar-se é uma atitude egoísta e não saudável (Provérbios 18:1), pois não reflete o Deus relacional, que está em eterno relacionamento dentro da Trindade.

Além disso, o homem sozinho não seria capaz de multiplicar a imagem de Deus e, no contexto do "não era bom", teria dificuldade de cuidar e guardar do jardim. Era necessário um relacionamento complementar entre homem e mulher para tudo isso acontecer.

ENTÃO OS SOLTEIROS ESTÃO INCOMPLETOS?

Aqui vale uma reflexão. Nós casados temos a tendência de colocar pressão sobre os solteiros para que se casem, olhando para eles como incompletos. Até usamos esse texto como base para nossa atitude. Porém, o casamento como única solução à essa necessidade aplicava-se apenas a Adão, já que ele era o único homem em toda criação. O multiplicar a imagem de Deus, ter filhos, dependia de um casamento. Hoje, após a entrada do pecado na humanidade, ter filhos é multiplicar a imagem distorcida de Deus (Gênesis 5:3), pois eles já nascem com a natureza pecaminosa dos pais (Salmos 51:5).

Para formarmos a imagem de Deus restaurada, precisamos evangelizar e discipular (Provérbios 22:15; Colossenses 1:28) e isso fazemos não apenas com filhos biológicos, mas com qualquer pessoa que Deus colocar próxima de nós (3João 4). Portanto, é possível refletir a imagem de Deus em qualquer relacionamento, não necessariamente apenas no casamento (Efésios 4:24,32) e podemos multiplicar essa imagem também fora do matrimônio, através de investimentos intencionais em outras pessoas, como o discipulado.

Por isso, cuidado para não colocar um peso que nem Deus coloca sobre os solteiros. Deus chama alguns para servi-lo como solteiros e considera isso um privilégio e prioridade (veja 1Coríntios 7).

VOLTANDO AO CASAMENTO: NÃO É SOBRE NÓS

O casamento foi criado para cumprir o propósito de Deus na criação do homem e da mulher: espelhar e espalhar a imagem de Deus na terra. O casamento existe para expressar a glória de Deus e não satisfazer nossos desejos egoístas.

Se eu entro no casamento para realizar meus desejos, vou sobrecarregar meu cônjuge de expectativas, ficarei frustrado e me frustrarei. Mas, se entro no casamento com a expectativa de expressar a imagem de Deus, vou amar meu cônjuge com amor sacrificial, serei gracioso e misericordioso com as suas falhas e humilde para lidar com as minhas. Só assim o casamento funciona.

A RELAÇÃO COM OS "PETS"

> Havendo, pois, o Senhor Deus formado da terra todos os animais do campo e todas as aves dos céus, trouxe-os a Adão, para ver que nome lhes daria; e o nome que ele desse a todos os seres vivos, esse seria o nome deles. O homem deu nome a todos os animais domésticos, às aves dos céus e a todos os animais selvagens; mas para o homem não se achava uma auxiliadora que fosse semelhante a ele (Gênesis 2:19,20).

O Senado Federal discute a possibilidade de elevar o status dos animais de propriedade dos seus donos para seres com sentimentos e direitos.[1] Alguns entendem que isso equipara animais e humanos.

---

[1] LIMA, Kevin. União homoafetiva, proteção a pets, doação de órgãos e regras para IA: o que prevê a reforma do Código Civil em debate no Senado. *G1 (online)*.

Outros ainda veem brecha para a legalização do casamento interespécie (homem com animais). É comum ouvirmos pessoas dizendo que preferem animais a humanos e muitos casais de hoje preferem ter pets a filhos.

Talvez prevendo nossa perversidade, o Senhor deixa claro que o relacionamento humano não deve ser substituído pelo relacionamento com a criação, sobretudo com os animais (Gênesis 2:19;20). Refletimos a imagem de Deus ao cuidarmos bem dos animais (Provérbios 12:10) e cumprindo o mandato de dominá-los (Gênesis 1:28). Esse relacionamento expressa o relacionamento do Criador com a criação, mas não o relacionamento do Pai com o Filho e o Espírito Santo. Vamos tratar mais sobre "pets" na família em um capítulo adiante. Por enquanto, é suficiente enfatizarmos que o relacionamento com a criação não substitui o relacionamento com humanos.

O CASAMENTO: TORNANDO-SE UM

Quando o Senhor declarou que "não era bom que o homem estivesse só", ele já deu a solução: "farei para ele uma auxiliadora que seja semelhante a ele". Vamos discutir o que significa "auxiliadora" no capítulo sobre os papéis da esposa e do marido. "Que seja semelhante a ele" é uma expressão que significa complementação, algo que não foi achado no relacionamento com os animais (Gênesis 2:20). É alguém que reforça o homem e que o complementa para cumprir seu propósito de refletir e multiplicar a imagem de Deus na terra. Não é um ser igual, como discutimos no capítulo cinco. É como a mão direita com os dedos entrelaçados com a mão esquerda. O complemento perfeito. O que vemos a seguir é como aconteceu a primeira cerimônia de casamento.

A ENTRADA DA NOIVA

> Então o Senhor Deus fez cair um pesado sono sobre o homem, e este adormeceu. Tirou-lhe uma das costelas e fechou o lugar com carne. E da costela que havia tirado do homem, o Senhor Deus formou uma mulher e a levou até ele (Gênesis 2:21,22).

Deus forma esse "complemento" tirando a mulher do próprio homem, formando-a com sua costela. Então ambos vêm do mesmo material, da mesma essência. De um Deus fez dois, para, dos dois, fazer um. Ambos criados para Deus, para refletir sua imagem: Um pelo outro, ambos para Deus! (Gênesis 1:27).

Como um pai que conduz a noiva até o noivo na cerimônia do casamento, assim Deus conduziu Eva até Adão.

OS VOTOS

> E o homem disse: "Esta, afinal, é osso dos meus ossos e carne da minha carne; será chamada varoa, porque do varão foi tirada" (Gênesis 2:23).

Adão expressa sua alegria pelo presente que recebeu (Provérbios 18:22) através de uma poesia. "Esta, afinal" é como a expressão "finalmente"; depois de dar nome a todos aqueles animais que não lhe serviam de auxílio e complemento, finalmente encontrou alguém com essas qualidades.

"É osso dos meus ossos e carne da minha carne" revela não apenas a qualidade do material (a mesma essência), mas o compromisso de aliança (cf. 2Samuel 5:1-5). A partir dessa verdade, o casamento será construído no próximo versículo com a expressão "por isso". A expressão poética "osso dos ossos e carne da carne" declara: "Mulher, somos um! Nada nos separará!".

Por fim, ele dá nome à mulher, usando um jogo de palavras no hebraico onde a palavra mulher e homem se complementam, refletido na tradução pelas palavras "varão" e "varoa". A ideia é transmitir a complementariedade, a mutualidade na identidade do casal.

O casamento é uma aliança de compromisso e mutualidade, de se tornarem um, de intimidade. Isso fica claro nos próximos versículos.

"EU VOS DECLARO MARIDO E MULHER"

> Por isso, o homem deixa pai e mãe e se une à sua mulher, tornando-se os dois uma só carne (Gênesis 2:24).

Finalmente chega o momento de declarar o casamento. A partir do que aconteceu, Moisés, inspirado pelo Espírito Santo, define o casamento.

"Por isso", como já mencionamos, faz referência à declaração de Adão, de compromisso e mutualidade. Os dois que se tornam um refletem a unidade da Trindade. A partir dessa verdade os fundamentos do casamento são estabelecidos.

Exclusividade

"O homem deixará pai e mãe" mostra a exclusividade do casamento. Nenhum relacionamento humano é mais importante do que o relacionamento entre marido e esposa. Nada deve interferir ou separá-los (Marcos 10:9). Nem mesmo o relacionamento entre pais e filhos é mais importante. A ligação do casamento é mais forte do que a genética.

Em termos práticos, isso significa que nenhum relacionamento deve exigir mais dedicação, satisfação ou intencionalidade do que o relacionamento com o cônjuge. Os pais continuam a ser honrados, mas não podem ser um obstáculo na unidade do casal. Trabalho, hobbies, amizades e ministérios são saudáveis enquanto não interferirem na intimidade entre marido e esposa.

Fidelidade

"E se une à sua mulher" mostra a fidelidade como fundamento do casamento. O unir-se é a ideia de apegar-se ou colar-se. Reflete um compromisso de permanecerem juntos até que a morte os separe (Romanos 7:1-3). Ser fiel ao cônjuge por toda vida: aqui a aliança é estabelecida.

Em uma cerimônia de casamento, temos os padrinhos ou testemunhas da aliança que o casal está selando. O que hoje, no mundo, muitas vezes não passa de um teatrinho, ou uma desculpa para gastos exorbitantes, é levado muito a sério por Deus. Encontramos nas Escrituras textos que comprovam que o Senhor é testemunha de todas as alianças de casamento e, por isso, é pecado rompê-la (Provérbios 2:17; Ezequiel 16:8; Malaquias 2:14; Marcos 10:11,12).

A parte mais importante do casamento são os votos selados com a aliança.

Oferecemos algumas sugestões práticas para o casal relembrar a importância da aliança:

- Emoldurar seus votos e colocá-lo em um lugar visível da casa.
- Não andar sem alianças.
- Relembrar os votos, citando um ao outro, a cada aniversário de casamento.
- Encorajar os padrinhos a serem intencionais, buscando avaliar e incentivar a fidelidade do casal no cumprimento dos votos ao longo da vida.

Deus leva os votos a sério. Devemos levá-los a sério também.

Intimidade

"Tornando-se os dois uma só carne" demonstra o fundamento da intimidade no casamento. A intimidade é a coroação do "deixar" e "unir-se". O prazer sexual expressa a intimidade em todos os aspectos da vida conjugal.

O pecado focado no desejo egoísta leva o mundo a ter o prazer da intimidade física, o sexo, sem a intimidade emocional e espiritual, e sem aliança. Às vezes um não sabe o nome do outro. Têm "relações" sem relacionamento, nem a intenção de formar uma união exclusiva familiar, ou um compromisso de aliança. Apenas manifestam o desejo de usar o outro em benefício egoísta. Os resultados são vidas destruídas, adultério, divórcio, homicídio, aborto, crianças crescendo sem pais e relacionamentos líquidos, sem nenhum tipo de segurança.

A criação de Deus é uma benção quando é usufruída dentro da sua vontade. O sexo é um presente do Senhor à humanidade, ao casal que o honra em um casamento como ele planejou. Isso é expresso na euforia de um casal na lua de mel.

A LUA DE MEL

Ora, um e outro, o homem e a sua mulher, estavam nus e não se envergonhavam (Gênesis 2:25).

O texto termina com o casal em lua de mel no paraíso. Literalmente. Essa é a vontade de Deus. "Estavam nus", em um relacionamento de transparência e intimidade plena. "E não se envergonhavam" sugere que não havia malícia, culpa, hipocrisia, ansiedade, maldade nem pecado. Esse deve ser o alvo de todo casamento.

"Deus viu tudo o que havia feito, e eis que era muito bom" (Gênesis 1:31). Assim que o casamento foi criado, a obra de Deus estava completa. O "não é bom" foi substituído pelo "era muito bom". O "tornar-se um" é o "muito bom" de Deus para todo casamento.

OS TRÊS FUNDAMENTOS DO CASAMENTO COMO REFLEXO DA IMAGEM DE DEUS

Por que Deus escolheu esses três fundamentos: exclusividade, fidelidade e intimidade para o casamento? Porque expressam exatamente como ele se relaciona conosco. Para demonstrar isso, vejamos como o Senhor estabeleceu o relacionamento com Israel no livro de Êxodo.

Primeiro, Deus propõe o "deixar", quando o povo deveria deixar a vida de pecado e outros deuses para um relacionamento de *exclusividade* com o Senhor, onde ele seria o Deus deles e eles seriam o seu povo exclusivo (Êxodo 19:3-6).

Depois de expor todos os termos da lei (Êxodo 20:1–23:33), Deus e o povo fazem os votos de *fidelidade*, onde declaram aceitar esses termos (Êxodo 24:1-3). Ao invés de selarem os votos com alianças de ouro, o compromisso é selado com sangue de animais mortos, em um ato que significa: "Que aconteça comigo o que aconteceu com esses animais se eu não cumprir a minha parte do voto" (Êxodo 24:4-8).

Uma vez cumprido o "deixar" e "unir-se" por meio de uma aliança, o povo experimenta uma *intimidade* com Deus por meio dos seus líderes. Eles veem a Deus e não são destruídos, pois podem ter intimidade com ele por causa da aliança firmada. Então comem em sua presença como ato de comunhão íntima com o Senhor (Êxodo 24:9-11).

Exclusividade, fidelidade e intimidade no relacionamento de Deus com seu povo são refletidas no casamento, criado para expressar sua imagem.

O povo de Israel desprezou esse privilégio, e, em Cristo, essa aliança é expandida para toda humanidade. Da mesma forma, em um relacionamento de exclusividade por meio de Cristo (João 1:12; 1Pedro 2:9), firmado em fidelidade através de uma aliança selada com o sangue de Jesus (Lucas 22:20), para uma intimidade com Deus (João 14:6; 17:20-24).

O casamento expressa o caráter de Deus ao se relacionar com seu povo por meio da aliança em Cristo.

> Eis por que "o homem deixará o seu pai e a sua mãe e se unirá à sua mulher, tornando-se os dois uma só carne". Grande é este mistério, mas eu me refiro a Cristo e à igreja (Efésios 5:31,32).

TORNANDO-SE UM PARA ESPELHAR A IMAGEM DE DEUS

O casamento tem um alvo claro: tornar-se um para refletir a imagem de Deus. Por isso o casal deve esforçar-se para crescer em intimidade em tudo no seu dia a dia. Todos os casais desejam intimidade, mas muitas vezes falham. Mesmo casamentos cristãos sofrem pelo desejo de intimidade, de tornar-se um fisicamente, mas sem o desejo pelo esforço de tornar-se um em todas as outras áreas da vida. Isso porque a motivação é a satisfação de desejos egoístas, enquanto o desejo deveria ser de refletir a imagem de Deus no casamento.

É sobre isso que temos tratado nesse livro, como tornar-se um desde o início do casamento, para a glória de Deus. Flávio e Kátia só vencerão a frustração quando substituírem as expectativas erradas deles pelo verdadeiro propósito do casamento. O prazer sexual ou o romance não são o fim do casamento, mas o resultado de se buscar ser um para a glória de Deus.

A LIÇÃO PRINCIPAL

O casamento é tornar-se um para espelhar e espalhar a imagem de Deus.

PARA DISCUSSÃO

1. Por que vocês se casaram? Muitas pessoas se casam porque se gostam. Como alinhar o propósito de passar o resto da vida com quem gostamos com o propósito de refletir a imagem de Deus? O que vai manter o casamento: o sentimento ou o propósito do casamento?
2. Qual dos três fundamentos (exclusividade, fidelidade e intimidade) precisa ser mais aprofundado no casamento de vocês? Por quê? Como farão isso?
3. Hoje, o casamento de vocês expressa a imagem de Deus para as pessoas? Como? Pergunte a pessoas próximas sobre isso e conversem entre vocês sobre as respostas.
4. O que você entende pela frase: "um pelo outro, ambos para Deus"? Quais as implicações dessa ideia, que descreve o casamento bíblico?

RECURSOS

- *Casamento nota 10: Devocionais para um relacionamento feliz e duradouro*, de David Merkh e Marcos Samuel P. Santos, Hagnos, 2021.

YOUTUBE – PALAVRA E FAMÍLIA

- Casamento nota 10: Devocionais para casais
https://www.youtube.com/watch?v=J_aPjr8fbII

10

RICARDO LIBANEO

AFINAL, QUEM MANDA?
TORNANDO-SE UM NOS PAPÉIS

PEDRO E JÚLIA se conheceram na igreja. Ele, com um jeito mais quieto, achou nela um equilíbrio, uma vez que ela era mais ativa, envolvida nos ministérios. Ela admirava a paciência dele em ouvi-la, sem dar um sermão logo em seguida. Depois de um namoro curto, se casaram. Mas a passividade de Pedro começou a irritar Júlia. As orações e poucas conversas intencionais eram sempre iniciativas dela. As cobranças de Júlia faziam com que Pedro se sentisse pressionado, e ele reagia com mais introspecção e silêncio. Assim, já no primeiro ano de casamento, ela sentia-se frustrada e ele, assustado.

SEM HIERARQUIA, O CAOS REINA

> Naqueles dias, não havia rei em Israel; cada um fazia o que achava mais certo (Juízes 21:25).

O período dos juízes foi um dos mais caóticos da história de Israel. O último versículo do livro resume o problema daquele momento: não havia uma liderança estabelecida, então, cada um seguia sua própria vontade. O resultado foi violência sexual, homossexualismo, assassinatos e uma guerra civil (Juízes 19-21).

O mundo enxerga a hierarquia como algo ruim. Um sistema onde um tem autoridade sobre o outro é cada vez mais rejeitado. Em parte, com razão, por conta do autoritarismo. Muitas vezes, pessoas que ocupam a posição de autoridade abusam dos seus subordinados. Porém, a prática errada da autoridade não anula sua eficácia quando exercida da forma correta.

Outro engano é relacionar posição na hierarquia com valor pessoal, como se, quanto mais alto estou na hierarquia, mas valioso eu sou. Então, em nome da igualdade, a sociedade rechaça qualquer indício de hierarquia. Mas, na perspectiva divina, é totalmente o contrário. Jesus inverteu a pirâmide de hierarquia ao ponto de que, quem tem mais autoridade, tem mais pessoas para servir. Ou seja, quem serve mais, tem mais valor (Marcos 10:42-45).

Trazemos essa confusão para dentro de casa. No casamento, se for estabelecida uma hierarquia bíblica, muitas vezes o marido e a esposa lutarão pela liderança. Ou pior, não haverá autoridade na casa e cada um fará o que achar melhor. O resultado? Caos.

A HIERARQUIA FOI CRIADA POR DEUS E REFLETE SUA IMAGEM

1. A hierarquia foi criada por Deus

Deus estabeleceu a hierarquia desde a criação. Vimos como ele colocou o homem e a mulher como autoridade, representando sua imagem, sobre todo o resto da criação (Gênesis 1:26).

Depois vimos que o Senhor criou primeiro Adão, para depois criar Eva, como auxiliadora do homem (no próximo capítulo vamos definir o que isso significa), fazendo com que ele fosse o líder da relação (Gênesis 2:18, 1Timóteo 2:12,13). Ele exerce essa liderança ao dar nome a Eva (Gênesis 3:20).

Quando Satanás entra na criação, ele inverte a hierarquia estabelecida por Deus. O Senhor estabeleceu a ordem: Deus, o homem, a mulher e a criação. O diabo vem em forma de serpente, que fazia parte da criação subordinada e fala com a mulher para influenciar o homem contra Deus (Gênesis 3:1-6).

Porém, Deus não se sujeita à inversão causada pelo pecado. Quando vai confrontar o casal, trabalha na ordem correta: começa com Adão, como cabeça do lar. Questiona Eva, como auxiliadora. E condena a serpente (Gênesis 3:8-15).

Ainda hoje Satanás tenta trazer o caos às famílias por meio de ideologias como machismo e feminismo. O casal precisa desenvolver convicções bíblicas sobre o assunto desde o início do casamento, segundo a Palavra de Deus, para desfrutar do "muito bom" ao longo de sua vida conjugal.

2. A hierarquia reflete sua imagem

> Quero, porém, que saibam que Cristo é o cabeça de todo homem, e o homem é o cabeça da mulher, e Deus é o cabeça de Cristo (1Coríntios 11:3).

A hierarquia é essencial ao relacionamento humano pois reflete a imagem de Deus, como temos repetido constantemente nesse livro (Gênesis 1:27). Na carta aos Coríntios, Paulo lida com a hierarquia no culto cristão e define os papéis que envolvem o próprio Deus Pai e Jesus. O cabeça (autoridade) da mulher é o homem, o cabeça do homem é Cristo e o cabeça de Cristo é Deus. Quem é maior: Deus ou Cristo? A boa teologia vai afirmar que ambos são iguais em essência e valor. Essa é a afirmação da doutrina da Trindade. Se Deus está acima de Cristo na hierarquia funcional da Trindade e ambos têm o mesmo valor essencial, então por analogia, na humanidade o homem tem uma autoridade sobre a mulher, porém ambos têm o mesmo valor.

Hierarquia não implica em valor pessoal, algo que reflete a imagem e semelhança de Deus. Por isso, não devemos olhar para o conceito de posição dentro do lar na perspectiva de que isso vai denegrir ou exaltar um ou outro. Trata-se de uma questão funcional e não essencial.

Assim como a serpente propôs ao primeiro casal que ignorasse a ordem de Deus para "se tornarem como Deus" (Gênesis 3:5), hoje ela continua com a proposta mentirosa de que, se nos libertarmos da hierarquia dada pelo Criador, experimentaremos de verdadeira liberdade. Mas o casal deve sempre lembrar que o diabo é o pai da mentira e o pecado sempre traz a morte. Quando nos submetemos ao nosso Pai amoroso, experimentamos a graça de refletirmos sua imagem e semelhança.

DEFININDO A HIERARQUIA NO LAR

A autoridade do marido

> Porque primeiro foi formado Adão, depois Eva (1Timóteo 2:13).

Deus, em sua sabedoria e propósitos eternos (Romanos 11:33-36) estabeleceu o marido como autoridade do lar. Ele foi criado primeiro (Gênesis 2:18,20; 1Timóteo 2:12,13). Ele foi responsabilizado pelo cuidado e o cultivo do jardim (Gênesis 2:15). A ele foi entregue o mandamento de Deus (Gênesis 2:16-17).

É importante relembrar nesse ponto o que significa liderar em um contexto de sociedade machista. Liderar no padrão bíblico, como já falamos, é servir a ponto de dar a sua própria vida em favor do outro (Marcos 10:42-45). Vamos desenvolver esse princípio mais adiante.

Quando o homem negligencia a liderança

> Vendo a mulher que a árvore era boa para se comer, agradável aos olhos e árvore desejável para dar entendimento, tomou do seu fruto e comeu; e deu também ao marido, e ele comeu (Gênesis 3:6).

Quando essa liderança não é exercida, os liderados entram em perigo. Adão não exerceu sua liderança quando Eva foi tentada. O texto, no original, sugere que ele esteve presente quando sua esposa desobedeceu a ordem de Deus e ainda seguiu sua desobediência (Gênesis 3:6). Ele não tomou a frente para responder à serpente. Não corrigiu os desvios que Eva cometeu ao citar as palavras de Deus. Não repreendeu a serpente quando ela deliberadamente foi contra o que o Senhor havia dito (Gênesis 3:1-5). Não assumiu o erro quando Deus o procurou, colocando a culpa em sua esposa (expondo-a ao juízo) e no próprio Criador, que dera aquela mulher para ele (Gênesis 3:9-12). Nos versículos seguintes, a mulher e toda a criação sofrem as consequências da falta de liderança do homem (Gênesis 3:14-19), destacando que o erro do homem foi justamente não liderar "ao dar ouvidos à voz da sua mulher" (Gênesis 3:17).

Maridos, não negligenciem a responsabilidade que Deus os concedeu. Observe que o Senhor não confrontou primeiro a mulher, que ouviu a serpente, mas o homem, que era o responsável. Como líder, você é responsável pelo que entra no seu lar. Você é chamado a conduzir sua família no caminho do Senhor (Efésios 5:25,27; 6:4). Esteja atento ao que é assistido em casa, quais músicas são ouvidas, que lições são aprendidas na faculdade e escola, qual a qualidade dos sermões que sua família assiste e previna a tudo isso sendo aquele que ensina a Palavra com diligência (veja o Salmos 101).

A LIDERANÇA DO HOMEM

A seguir, vamos traçar o perfil do papel do homem na liderança do lar.

1. Ser o provedor do lar

> E a Adão disse: — Por ter dado ouvidos à voz de sua mulher e comido da árvore que eu havia ordenado que não comesse, maldita é a terra por sua causa; em fadigas você obterá dela o sustento durante os dias de sua vida (Gênesis 3:17).

O homem foi responsabilizado para cuidar e cultivar o jardim (Gênesis 2:15). Depois do pecado, a terra foi amaldiçoada, tornando o trabalho de cultivar mais difícil (Gênesis 3:17-19). O que chama atenção aqui é que a consequência do pecado do homem aponta para a sua responsabilidade: prover o alimento do lar.

Como maridos, devemos nos esforçar para prover o sustento da nossa família. Antes de casar já devemos nos preparar através da formação e do "pé de meia" para formarmos um lar (Provérbios 24:27). Depois, devemos nos esforçar para cuidar e cultivar o jardim, a família, que Deus nos deu. A esposa pode trabalhar, desde que não despreze os princípios que veremos no próximo capítulo, porém, a responsabilidade final do sustento do lar é do homem.

2. Amar a esposa

> Maridos, que cada um de vocês ame a sua esposa, como também
> Cristo amou a igreja e se entregou por ela (Efésios 5:25).

A liderança do marido deve ser motivada pelo amor. Proteger e sustentar devem ser motivados pelo amor. E o amor sempre é sacrificial (1Coríntios 13:4-7). O padrão de amor é Cristo.

A autoridade machista lidera sacrificando a esposa para satisfazer seus desejos egoístas. A autoridade bíblica sacrifica a sua vida em benefício da esposa. Sendo assim, a aversão do mundo à autoridade dada ao marido não faz sentido.

Como maridos devemos estar cientes de que nosso papel é nos doarmos ao máximo a nossas esposas, seja no sustento material (visto no último ponto), espiritual (como veremos a seguir) e emocional. Pedro nos ensina a estarmos inteirados do que acontece em casa: "Igualmente vocês, esposas, estejam sujeitas, cada uma a seu próprio marido, para que, se ele ainda não obedece à palavra, seja ganho sem palavra alguma, por meio da conduta de sua esposa, ao observar o comportamento honesto e cheio de temor que vocês têm" (1Pedro 3:7). Como homens, temos a tendência de focarmos apenas no trabalho e no próprio lazer. Não nos preocupamos com as emoções da nossa esposa, nem nos interessamos no que aconteceu em casa, a não ser que nos dê algum prejuízo financeiro. Porém, o texto citado mostra que devemos ser sensíveis no cuidado da mulher, como parte mais frágil. Se ignorarmos essa necessidade, seremos ignorados por Deus em nossas orações. É como querer um favor do sogro enquanto ele nos vê desprezar sua filha.

Ser romântico, perguntar com interesse como foi o dia, descobrir os gostos da esposa para surpreendê-la, ser amável, não são características de um tipo de homem de personalidade específica, mas o padrão bíblico para todo homem.

O amor bíblico é oferecido pelo marido e não exigido pela esposa. É uma ordem, não uma opção. É uma obra sobrenatural do Espírito Santo, não uma capacidade normal do homem (Efésios 5:18-21). É uma decisão, não um sentimento.

3. Pastorear a esposa e filhos

> Para que a santificasse, tendo-a purificado por meio da lavagem de água pela Palavra (Efésios 5:26).

A liderança motivada pelo amor sacrificial do marido não é para satisfazer desejos supérfluos e egoístas da esposa. Alimentar um pecado dela não é demonstração de amor. Mas o sacrifício deve seguir o modelo de Cristo. Um sacrifício para conduzir a esposa a Deus para que ela se torne cada vez mais "imagem e semelhança de Deus" por meio do ensino e aplicação da Palavra (Efésios 5:26-27).

Maridos, seu papel é ser o líder espiritual, conforme sugerimos no capítulo anterior, nas disciplinas que nos tornam uma só carne espiritualmente. O estudo da Palavra, o tempo de oração e o envolvimento na igreja são iniciativas nossas. Devemos incentivar, orientar e investir nessas práticas com cada membro da família. Lembrando que, com a chegada dos filhos, nós somos os principais responsáveis pelo ensino deles (Deuteronômio 6:6-9; Efésios 6:4).

4. Proteger a esposa

> Assim também o marido deve amar a sua esposa como ama o próprio corpo. Quem ama a esposa ama a si mesmo. Porque ninguém jamais odiou o seu próprio corpo. Ao contrário, o alimenta e cuida dele, como também Cristo faz com a igreja (Efésios 5:28,29).

A liderança masculina implica em cuidar da esposa como se cuida do próprio corpo. Isso implica em alimentar física e espiritualmente, como já falamos. A palavra "cuida", no grego, é usado com a ideia de "esquentar". Metaforicamente significa "cuidar". Em outro lugar a palavra foi traduzida por "acariciar" (1Tessalonicenses 2:7). Essa expressão nos ensina que colocar a comida na mesa e pregar a Bíblia para a esposa não é suficiente. É necessário carinho e envolvimento.

É preciso conhecer as lutas físicas, emocionais e espirituais de sua esposa (1Pedro 3:7) para conduzi-la, com compaixão, até Cristo.

CONCLUSÃO

Pedro precisa compreender seu papel no casamento. Ele não deve temer as dificuldades. Elas serão um lembrete constante de que somente pela graça de Cristo é possível cumprir suas obrigações. O casamento será edificado quando ele agir como um marido à imagem e semelhança de Cristo. Júlia também pode ajudar. Vamos mostrar como no próximo capítulo.

A LIÇÃO PRINCIPAL

O marido honra a Deus quando lidera amorosamente a sua esposa.

PARA DISCUSSÃO

1. Você concorda que hierarquia é algo criado por Deus? Consegue pensar em exemplos bíblicos de hierarquia? Por que hoje existe uma resistência contra hierarquia?
2. Você entende seu papel no casamento à luz da Bíblia? Qual é a sua maior dificuldade em cumpri-lo?
3. Vocês, como casal, têm conversado sobre seus respectivos papéis no lar? Quem poderia ajudá-los com prestação de contas e conselhos?
4. Quando o marido não assume seu papel, o que a esposa pode fazer para ajudá-lo?

RECURSOS

- *15 lições para transformar seu casamento*, de David e Carol Sue Merkh, Hagnos, 2020.
- *Homens mais parecidos com Jesus*, de David Merkh, Hagnos, 2021.
- *Homem nota 10*, de David Merkh, Hagnos, 2015.

YOUTUBE – PALAVRA E FAMÍLIA

- O papel do homem como pastor da família
  https://www.youtube.com/watch?v=fkCPV_qH3QU&t=9s

- O papel do homem como protetor
  https://www.youtube.com/watch?v=N4yUVGV7P8c&t=25s

- O papel do homem: Liderança
  https://www.youtube.com/watch?v=mRvBN6CQ160&t=5s

11

RICARDO LIBANEO

SUB-MISSÃO OU SUBMISSÃO: TORNANDO-SE UM NOS PAPÉIS

MÁRCIA COMPARTILHOU com suas colegas de faculdade o sonho de se casar e se dedicar ao seu marido e filhos. Logo se arrependeu. Uma após a outra, suas colegas a repreenderam até com certa veemência: "Onde já se viu se render ao patriarcado opressor? Depois de tudo o que as mulheres fizeram para se empoderar? Você devia ter vergonha do que disse". A partir desse dia, as mulheres da sua turma nunca mais a trataram normalmente.

O MACHISMO E O FEMINISMO INFLUENCIAM NOSSA LEITURA DA BÍBLIA

Desde Gênesis 3:16 há uma confusão entre o papel do marido e da esposa. Por um lado, o machismo perverte o papel do homem, tornando-o um opressor. Do outro lado, o feminismo luta contra essa opressão onde a mulher é quem acaba oprimindo o marido. Não há equilíbrio sem Deus. Nesse contexto, há até um constrangimento com passagens bíblicas que descrevem o papel do marido e da esposa, pois nossa tendência é lê-las com as lentes dessas ideologias. Precisamos entender esses textos na perspectiva do propósito de Deus para o homem e para a mulher, feitos à imagem e semelhança dele. Fizemos isso ao estudarmos o papel do marido. Vamos fazer o mesmo, agora, com o papel da esposa.

DEFININDO A HIERARQUIA NO LAR

"Auxiliadora"?

> O Senhor Deus disse ainda: — Não é bom que o homem esteja só; farei para ele uma auxiliadora que seja semelhante a ele (Gênesis 2:18).

Quando Deus definiu que não era bom que o homem estivesse só, ele já determinou qual seria a solução. Ele daria ao homem uma "auxiliadora". A continuação do texto nos mostra que essa auxiliadora é a mulher.

Aqui também somos constrangidos com a visão mundana de que essa expressão é depreciativa. Lemos a expressão pela ótica do machismo e do feminismo. Entendemos "auxiliadora" como um "rebaixamento servil" e "escravidão", alguém que ficará à mercê das vontades do homem. Porém, no original, essa expressão só foi usada para se referir à mulher e ao próprio Deus. O Senhor é descrito como o auxílio (refúgio, socorro, amparo) do homem.[1] Ou seja, o termo auxiliadora, para a mulher, não a diminui, pelo contrário, a exalta a um papel que também é atribuído a Deus. Ao cumprir seu papel na hierarquia do lar, a mulher reflete a imagem de Deus.

A mulher é auxiliadora do homem para que ele cumpra o propósito para o qual foi criado, de glorificar a Deus sendo imagem e semelhança dele. Sozinho, Adão não poderia refletir alguns aspectos da imagem de Deus que somente se manifestam em relacionamentos, como por exemplo, amor, fidelidade e graça. Seria impossível o homem multiplicar (ter filhos) sem a mulher. E a tarefa de cuidar e cultivar o jardim era muito grande para uma pessoa só.

Por isso, o papel de ser esposa não é algo depreciativo, mas essencial para o homem e uma importante responsabilidade para a mulher dentro do plano de Deus. Sem a esposa o casamento não cumpriria o seu propósito de refletir a imagem do Criador (1Coríntios 11:11,12).

Quando a mulher negligencia o papel de "auxiliadora"

Quando a esposa não cumpre o seu papel de auxiliar seu marido na missão de glorificar a Deus, pode se tornar "auxiliadora" do diabo em destruir a imagem de Deus na família. Foi o caso de Eva, que deu o fruto ao seu marido ao invés de ser um auxílio na obediência ao Senhor (Gênesis 3:6). Ou como Jezabel, que incentivou seu marido no seu

---

[1] Veja Êxodo 18:4, Deuteronômio 33:29; Salmos 10:14; 27:9; 33:20; 70:5; 115:9,11; 118:7; 121:1,2; 146:5; Oseias 13:9.

egocentrismo infantil (1Reis 21:1-16). Ou como a mulher de Ló, que, no sofrimento extremo, o encorajou a amaldiçoar a Deus, tornando-se mais um instrumento de dor na vida dele (Jó 2:9). "A mulher sábia edifica a sua casa, mas a insensata a derruba com as próprias mãos" (Provérbios 14:1).

Mulheres, não ouçam a voz da serpente, que continua sussurrando através da voz do feminismo, questionando a bondade de Deus ao lhes dar o papel de auxiliadora. Como no jardim, ela promete que a desobediência lhes trará poder e liberdade (Gênesis 3:5). Mas o resultado nós conhecemos. Sejam instrumentos de auxílio do Deus auxiliador (Salmos 33:20) na vida dos seus maridos. E que ele seja glorificado pelo papel de vocês (Provérbios 18:22).

O AUXÍLIO DA MULHER

Vamos olhar o que significa ser auxiliadora na prática.

1. Cuidar do marido e dos filhos

> E à mulher ele disse: — Aumentarei em muito os seus sofrimentos na gravidez; com dor você dará à luz filhos. O seu desejo será para o seu marido, e ele a governará (Gênesis 3:16).

Nós vimos que as consequências do pecado de Adão e Eva atingiram cada um em seu papel, como um lembrete cotidiano do sofrimento que o pecado causa e a nossa necessidade de um Redentor.

No caso da mulher, a consequência afeta a maternidade, tornando-a difícil. A gestação e o parto são dolorosos. Mas o pós-parto, a criação dos filhos, também é sofrível. Agora, com a Queda, os filhos já nascem no pecado (Salmos 51:5). Educá-los não é uma tarefa fácil. Além disso, as preocupações de mãe perduram até o final da vida.

Outra consequência para a mulher é o relacionamento com o marido. De acordo com a última frase de Gênesis 3:16, "O seu desejo será para o seu marido, e ele a governará" ela lutará contra seu papel de auxiliadora desejando usurpar a liderança masculina. Ele, por sua vez, ao invés de liderá-la em serviço amoroso, vai procurar dominá-la com motivações egoístas. Nasce aqui o machismo e o feminismo.

A partir dessas duas consequências, vemos que o papel prioritário da esposa é cuidar do seu marido e dos seus filhos, na dependência da graça do Senhor. O Evangelho é evidenciado quando a mulher cumpre esse papel, segundo as orientações de Paulo (Tito 2:4,5). Não é à toa que Satanás tem semeado mentiras feministas, desprezando a mulher "do lar". A serpente continua na sua missão de destruir a imagem de Deus na família.

Ser auxiliadora implica em focar no cuidado do marido e dos filhos em casa. Isso não quer dizer que é pecado a mulher ter uma carreira e trabalhar fora de casa. Não é pecado desde que não interfira nesse cuidado prioritário. Às vezes cuidar bem do marido e dos filhos envolve trabalhar fora para auxiliar o marido no sustento e na provisão para os filhos. Porém, deve-se ter o cuidado de avaliar se realmente é uma necessidade ou fruto da ganância, onde a família quer manter um padrão econômico que vai afastar a mulher da prioridade do seu papel. Já vi casos de mulheres que trabalham fora para ganhar o suficiente para pagar uma babá e uma faxineira. Basicamente elas trabalham para pagar alguém para fazer o que Deus ordenou que elas fizessem.

Esposas, Deus as criou para priorizarem o lar. Foquem nisso. Pensem em formas criativas de auxiliar e motivar seus maridos a crescerem com o Senhor e conduzir suas famílias para mais perto dele. Esforcem-se para transformar a casa em um lugar de aconchego, onde a família encontra um ambiente seguro e acolhedor. É tão triste e desesperador entrar em casas que são um caos, pois não há ninguém focado em organizar o lar. O marido, os filhos e a própria esposa sofrem quando esse papel é negligenciado. Mas, como vimos, quando uma mulher cumpre seu papel, a casa é edificada (Provérbios 14:1).

2. Ser submissa ao marido

> Esposas, que cada uma de vocês se sujeite a seu próprio marido, como ao Senhor (Efésios 5:22).

A Bíblia diz que a mulher deve se submeter ao seu marido, assim como a igreja está submissa a Cristo. Assim como o termo "auxiliadora" se tornou uma ofensa fora da perspectiva bíblica, "submissão" é tão ofensivo quanto. Por isso vamos começar esclarecendo o que não é submissão.

O QUE SUBMISSÃO NÃO É

- **Submissão não é uma responsabilidade exclusiva da esposa**

A submissão mútua é uma manifestação do Espírito Santo na vida do crente (Efésios 5:18,21). Nesse sentido, a submissão não é exclusiva da esposa, mas também é uma responsabilidade do marido, dos filhos, dos pais, dos patrões e dos empregados (5:25-6:9). Colocar os interesses do outro acima do seu é uma atitude de humildade. O marido faz isso com a esposa quando a ama sacrificialmente. A esposa faz isso com o marido quando o respeita e incentiva sua liderança. A submissão não é apenas para as esposas, é para os crentes. Seguem alguns exemplos:

- Todos para Deus (Tiago 4:7; Hebreus 12:9).
- Cidadãos para o governo (Romanos 13:1,5; 1Pedro 2:13; Tito 3:1).
- Ovelhas para pastores (Hebreus 13:17; 1Coríntios 16:16).
- Jovens para os mais velhos (1Pedro 5:5).
- Esposas para maridos (Efésios 5:22ss; Colossenses 3:18).
- Filhos para pais (Efésios 6:1-3; Colossenses 3:20).
- Servos para senhores (Efésios 6:5, Colossenses 3:22).

- **Submissão não significa inferioridade da esposa**

Como falamos no capítulo anterior, hierarquia não implica que uma pessoa tem mais valor que outra. O homem e a mulher são imagem e semelhança de Deus (Gênesis 1:27) e dependem da graça de Cristo para o perdão dos pecados (Gálatas 3:28; 1Pedro 3:7). Assim como na Trindade, há diferença funcional e igualdade essencial (1Coríntios 11:3). Na verdade, na perspectiva do Reino de Deus, submissão é uma atitude que eleva a importância de quem se submete, pois revela humildade, virtude exaltada por Deus (Marcos 10:31).

- **A submissão da esposa não é para todos os homens em todos os contextos**

O texto é claro ao definir a submissão da esposa ao seu próprio marido. Ela não deve submissão a todos os homens. Nesse caso, um namorado ou noivo ainda não tem essa autoridade sobre a namorada ou noiva, mesmo que o princípio de autoridade no lar possa ser praticado pelo casal como treinamento e avaliação um do outro, mas com limites. No contexto da igreja, a submissão é dada à liderança, naquilo que se refere à igreja, não ao lar (1Timóteo 2:11-15). Essa submissão não se aplica a outros contextos como político, empresarial ou social. A esposa se submete exclusivamente ao seu marido.

- **Submissão não é escravidão**

Assim como o amor sacrificial do marido não é para satisfazer os caprichos egoístas da esposa, a submissão feminina não é para realizar os desejos egoístas do marido. O alvo do sacrifício do marido e da esposa é refletir o amor de Deus e ajudar um ao outro a se aproximar mais do Senhor.

Esse texto tem sido usado pelos homens até mesmo para justificar abusos, inclusive sexuais. A esposa deve estar ciente de que sua submissão é prioritariamente ao Senhor, e não ao marido (Atos 5:29). Quando o homem propõe o pecado, por amor a si, a mulher deve recusar a submeter-se. Sujeitar-se ao marido de forma absoluta e impensada pode ser uma evidência de pecado, de temor a homens. Mulheres renunciam à sua dignidade por medo de perder alguém em quem elas colocaram a sua segurança e se submetem a situações terríveis, como é o caso de mulheres que permanecem convivendo com homens abusadores. Elas devem confiar em Deus e rejeitar esse tipo de sujeição pecaminosa. Vamos falar mais sobre isso adiante.

- **Submissão não implica em autonomia masculina no lar**

Deus mesmo diagnosticou que não é bom o homem ser autônomo (Gênesis 2:18). Ele precisa da auxiliadora para conduzir a família nos propósitos de Deus. O marido sábio aproveitará os dons da sua esposa para suprir seus pontos fracos. Vai consultá-la para tomar boas decisões. Submissão não significa que a esposa não tem participação nas decisões da casa.

O QUE É SUBMISSÃO

Uma vez que esclarecido o que não é submissão, vamos responder então o que ela é.

- **A submissão é oferecida voluntariamente pela esposa ao marido**

Em todo relacionamento, somos especialistas em cobrar o que o outro deve fazer e negligenciar nossa própria responsabilidade. Nesse sentido, é comum ver maridos exigindo a submissão da esposa. O que não faz sentido, pois o próprio termo implica em ato voluntário. A esposa, a partir do entendimento da vontade de Deus, deve se submeter ao seu marido em adoração ao Senhor.

Você, esposa, tem oferecido voluntariamente sua submissão ao seu marido ou a faz por obrigação, com o coração contrariado? Deus é honrando quando, por compreensão da vontade dele e por amor a ele, você se submete ao seu marido.

- **A submissão da esposa é uma ordem, não uma opção**

A ordem bíblica da submissão ao marido é amplamente ensinada nas Escrituras (Colossenses 3:18; Tito 2:5; 1Pedro 3:5; Efésios 5:22,24). Não restam dúvidas de que esse é o padrão de Deus para as esposas. Logo, praticar a submissão não é uma opção para a mulher que ama a Cristo e que deseja honrar a Deus (João 14:21).

Diante da pressão cultural da sociedade sem Deus e das próprias inclinações pecaminosas, as mulheres que, mesmo assim, permanecem fiéis no seu papel no lar, honram o Criador (Tito 2:5). Você tem buscado ser submissa para adorar ao Senhor ou para conseguir o que quer? Há alguma área em que você se recusa a se submeter a seu marido? O que isso mostra sobre sua obediência a Deus?

- **Submissão significa alinhar-se com o marido**

Submissão traz a ideia de colocar-se em ordem debaixo de uma autoridade. É apoiar a missão do marido. O casal precisa andar alinhado em todas as áreas da vida para não acontecer a confusão de cada um andar em uma direção diferente. O marido sábio vai construir suas decisões juntamente com sua esposa. Mas no caso de um impasse, como a responsabilidade é dele, a esposa deve seguir o marido, com uma atitude de submissão, não torcendo contra e nem jogando na cara dele que ela estava certa, caso a decisão dele dê errado.

Diante disso, é importante a esposa saber exatamente o que o marido está pensando para apoiá-lo, expressar seus pontos de vista, orar por ele e segui-lo.

Você esposa, sabe para onde seu marido está conduzindo sua família? Você conversa com ele sobre isso? Ele se sente apoiado por você?

- **A submissão bíblica significa temer o marido**

> ... e que a esposa respeite o seu marido (Efésios 5:33).

Os papéis estabelecidos por Deus para o marido e para esposa são difíceis porque confrontam o nosso egoísmo. Por isso, há um sério risco de praticarmos nosso papel no lar apenas de aparência, mas não de coração.

Nesse sentido, a esposa é chamada a se submeter de coração, como já falamos. E a atitude fica clara em Efésios 5:33. A esposa deve respeitar seu marido. A palavra traduzida como "respeitar" é, literalmente, "temer". Não no sentido de ter medo, mas no sentido de admirar. Um respeito profundo em um relacionamento íntimo. Uma admiração pela posição que o marido ocupa. Em termos bem práticos, a esposa deve ser a fã número um do marido.

Você, esposa, admira seu marido? Ele se sente respeitado por você? Ele é encorajado pela forma que o trata? Ou é daquelas esposas que sempre está criticando, desprezando e humilhando o marido (Provérbios 25:24; 21:9)? Com certeza ele tem áreas para crescer, mas sua atitude pode incentivá-lo ou desmotivá-lo. Sua missão como esposa é ser um encorajamento para ele.

- **A submissão bíblica requer uma obra sobrenatural**

> Esposas, que cada uma de vocês se sujeite a seu próprio marido, como convém no Senhor (Colossenses 3:18).

O padrão de Deus para as esposas, assim como o papel do marido, é impossível para meros mortais. Por isso, ela não deve fazer isso com base nas suas próprias forças. A Bíblia diz que ela cumpre esse papel "no Senhor". Leia o capítulo 1 de Efésios e veja quantas vezes essa expressão se repete, ao descrever a obra de Deus em nós. Observe especialmente a oração de Paulo no final do capítulo, para que a igreja tenha consciência do poder que atua em nós para fazermos a vontade de Deus. É o mesmo poder que ressuscitou Cristo e o colocou em lugar de honra e autoridade (Efésio 1:18-21).

Esse mesmo poder está atuando na esposa para fazer o que Deus lhe pediu. Da mesma forma, vimos que a passagem sobre os papéis do marido e da esposa estão no contexto que descreve uma vida no poder do Espírito Santo (Efésios 5:18).

À luz dessa verdade, a esposa deve exercer seu papel sendo intencionalmente dependente do Senhor. Isso acontece quando ela identifica quais são os desejos que lutam contra à submissão e os confessa a Deus, abandonando-os. Acontece quando ela medita constantemente na Palavra, lembrando o Evangelho que a motiva a obedecer e decide agir segundo a vontade de Deus, indo contra seus desejos pecaminosos (Efésios 4:22-24).

Você tem tentado ser esposa nas suas próprias forças? O quanto você ora para cumprir seu papel para honrar a Deus e servir seu marido? As frustrações têm te impedido de experimentar o plano de Deus para seu casamento (Romanos 12:1-2)?

QUESTÕES RELACIONADAS À SUBMISSÃO DA ESPOSA

Em um mundo perfeito, seria fácil a esposa ser submissa a um marido que, por sua vez, sempre cumpriria o seu papel de líder amoroso. Mas, no mundo real, afetado pelo pecado, não é assim. Então vamos lidar com alguns casos.

E se o marido não cumpre seu papel de liderança?

A natureza pecaminosa sempre nos puxará para fazer o contrário da vontade de Deus (Romanos 7:15-25). No caso dos homens, será uma tendência pecaminosa de não exercer a liderança. Diante disso, muitas mulheres assumem a direção do lar. Mas será isso que Deus quer delas?

A Bíblia orienta as esposas a auxiliarem seus maridos que não obedecem à Palavra através do bom procedimento delas (1Pedro 3:1,2). O bom procedimento é descrito como puro e respeitável. Ou seja, ela não deve agir com ira e frustração, tentando incentivá-lo por meio de ofensas e humilhação, mas agindo de forma que honra a Deus e ao marido (Efésios 4:31,32).

Isso seria cumprir o seu papel de esposa independente se o marido cumpre o papel dele ou não, orando para que Deus o ajude a despertar para sua responsabilidade, conversando com ele sobre essa falha de forma respeitosa e amável (Gálatas 6:1). Essa mulher incentiva-o na busca de aconselhamento bíblico com um pastor, líder ou irmão maduro da igreja (Colossenses 3:16).

Um exemplo bíblico interessante, fora do contexto de família, mas que se aplica ao lar, é o caso de Débora e Baraque (Juízes 4:1-24). Em um período que o povo estava distante de Deus, os homens eram passivos na liderança. Então Débora, mulher piedosa, agiu de tal forma que incentivou Baraque a assumir a liderança do povo. No início da história vemos Débora como protagonista. Mas no final, Baraque se torna o líder (Hebreus 11:32-34). A atitude dela serve como modelo para esposas de maridos que não lideram. Talvez a mulher tenha que assumir a liderança temporariamente, em alguns aspectos do lar, como a educação dos filhos, que não pode ser negligenciada. Mas o alvo é devolver a liderança ao marido tão logo possível.

E se o marido for descrente?

Seguindo as orientações que já vimos (1Pedro 3:1-6), a esposa crente deve testemunhar o Evangelho com suas atitudes piedosas, cumprindo seu papel de esposa sendo fiel ao seu marido descrente (1Coríntios 7:12-16). Uma tentação será ganhá-lo para Cristo pela insistência na pregação. Mas ela precisa ser sábia para não se tornar uma mulher irritante (Provérbios 25:24; 21:9). Como vimos na carta de Pedro, focar mais na atitude do que na fala (1Pedro 3:1-6).

A oração será sempre a ação mais importante, pois o Senhor é o único que pode converter o marido. Da mesma forma que vimos anteriormente, é provável que ela tenha que assumir a liderança em algumas áreas, principalmente espirituais (1Coríntios 7:14), até que o marido se converta e assuma esse papel.

E se o marido exigir algo contrário à Palavra de Deus

A submissão da esposa ao marido está qualificada como "ao Senhor" (Colossenses 3:18; Efésios 5:22). Também já mencionamos que é preciso obedecer a Deus antes do que aos homens (Atos 5:29). Qualquer exigência para ir contra a Palavra de Deus deve ser recusada, respeitosamente, pela esposa.

Mas é preciso sabedoria. Há áreas cinzentas que precisamos tomar cuidado para não afirmarmos que é a vontade de Deus. Um marido crente ou descrente poderia pedir que a esposa ficasse em casa ao invés de sair para participar de uma programação de mulheres na igreja. Não seria sábio ela usar Hebreus 10:25 ("Não deixemos de nos congregar, como é costume de alguns") como justificativa para não se submeter ao marido. Em casos como este, seria prudente buscar conselho da liderança da igreja.

E se o marido não merecer respeito

A submissão ao marido não está condicionada se o marido merece respeito ou não. Se fosse assim, praticamente toda esposa teria uma justificativa para não se submeter ao seu marido. O marido deve ser respeitado por sua posição, não pelos seus méritos. Veja como isso fica evidente quando as Escrituras exigem submissão às autoridades governamentais, mesmo em uma época de governo corrupto e imoral, como era o império romano (veja Romanos 13:1-2 e 1Pedro 2:11-17 e observe que os dois autores dessas passagens, Paulo e Pedro, foram mortos pelos governantes).

Porém, ser submissa não significa ignorar o pecado do marido. Exortar com amor e respeito faz parte da submissão (Provérbios 27:6). Inclusive, em caso de pecado grave ou crime (abuso, violência) a liderança da igreja e até as autoridades deverão ser acionadas (Mateus 18:15-20; Romanos 13:3-4), na esperança que, através da punição do mal, o marido venha a se arrepender e se tornar respeitável.

CONCLUSÃO

Em um mundo caótico em que a hierarquia tem sido desprezada, o Evangelho brilha na família onde marido e esposa cumprem o seu papel.

Márcia não deve se assustar com a reação das suas colegas, que pensam como o mundo pensa. Ele precisa focar no que Deus diz sobre o que ela deve almejar, para que ele seja glorificado em sua vida. Afinal, é melhor agradar a Deus do que as mulheres.

A LIÇÃO PRINCIPAL

A esposa honra a Deus quando se sujeita ao seu marido de coração.

PARA DISCUSSÃO

1. Vocês sentem algum constrangimento ao ler que a esposa deve ser submissa ao seu marido? Conseguem identificar de onde vem esse constrangimento?
2. Em quais áreas você, esposa, tem mais dificuldade em se sujeitar ao seu marido? Conversem sobre isso e como podem se ajudar.
3. O que você mais admira em seu marido? Você já expressou esse seu respeito por ele de forma clara? Como poderia fazer isso melhor?
4. Em que áreas você tem dificuldade de admirar seu esposo? Você tem orado por ele nisso? Como você poderia encorajá-lo nessas áreas?

RECURSOS

- *Mulheres mais parecidas com Jesus*, de Carol Sue e David Merkh, Hagnos, 2024.
- "O papel da esposa" em *15 lições para transformar seu casamento*, de David e Carol Sue Merkh, Hagnos, 2020.

YOUTUBE – PALAVRA E FAMÍLIA

- O papel da esposa
  https://www.youtube.com/watch?v=gUQ5vGxlKlE&list=PLw7L4_qOwhO6cFMySA4SA4UdlwTy1z7nz

- Submissão
  https://www.youtube.com/watch?v=1Xpm3L7tjAw&t=13s

- Respeito
  https://www.youtube.com/watch?v=WWGYHmk5Lxs&t=16s

- Auxílio idôneo
  https://www.youtube.com/watch?v=gUQ5vGxlKlE&t=161s

- Meu cônjuge não ajuda em nada
  https://www.youtube.com/watch?v=iKp_vulkaDc&t=271s

12

RICARDO LIBANEO[1]

ELE DISSE, ELA DISSE: TORNANDO-SE UM NA COMUNICAÇÃO

---

[1] Recomendamos o livro *Guerra de Palavras*, de Paul Tripp, que influenciou muito conteúdo deste capítulo.

GUSTAVO E NATHÁLIA são um casal exemplar na igreja. Parece que os dois se dão muito bem. Mas quando estão em casa, praticamente não se falam. O momento em que eles mais conversam é quando ele está viajando, por causa do trabalho. Eles têm facilidade de se falar pelo WhatsApp, o que não acontece presencialmente. Por isso, não costumam ter conversas para resolver conflitos. Quando têm, acabam machucando um ao outro com o que dizem.

20 MIL OPORTUNIDADES DIÁRIAS
PARA MATAR OU DAR VIDA

Certa vez, uma esposa estava tentando explicar para o marido os resultados de estudos feitos na área de comunicação conjugal. Ela disse que, conforme as pesquisas, as mulheres falam cerca de 20 mil palavras por dia, enquanto os homens falam menos que a metade disso. "Há duas razões para isso", ela explicou, "ou é porque as mulheres têm duas vezes mais coisas importantes para falar, ou é porque precisam repetir tudo que falam para seu marido". Imediatamente, o marido perguntou: "O quê?".

Quando pesquisamos sobre quantas palavras o ser humano fala por dia, encontramos uma variação de resultados, afinal, a quantidade depende da personalidade, cultura e outros fatores. Uma das pesquisas divulgada no passado trazia o número de 20 mil palavras para as mulheres e 7 mil para os homens.[2]

---

[2] HAMMOND, Claudia. As mulheres falam mais do que os homens? *BBC Brasil* (online).

A comunicação é uma prática rotineira para o ser humano. Acordamos falando, falamos o dia todo e alguns até falam dormindo. Por isso, nossa tendência é banalizar a fala. Simplesmente falamos. A Bíblia, porém, dá grande importância às nossas palavras:

> A morte e a vida estão no poder da língua; quem bem a utiliza come do seu fruto (Provérbios 18:21).

Se formos intencionais no que falamos, podemos colher vida em nossos relacionamentos, especialmente no casamento, nosso relacionamento mais intenso e íntimo.

DEUS FALA, NÓS FALAMOS

A Bíblia começa com Deus falando. Cada vez que a expressão "disse Deus" é repetida em Gênesis 1, algo novo é criado. A Palavra do Criador produz vida. No início do capítulo vemos o caos, uma terra sem forma, vazia e coberta de trevas (Gênesis 1:2). No final, vemos que se tornou "muito bom" (Gênesis 1:31). O que transformou o "caos" em "muito bom", dando forma ao que não tinha forma, preenchendo o vazio e jogando luz nas trevas? A Palavra de Deus.

No mesmo capítulo, vemos que o homem e a mulher foram criados à imagem e semelhança de Deus (Gênesis 1:26-27). Por sermos imagem de Deus nós também falamos, pois Ele fala. Nossa comunicação deve ser como a comunicação divina. Nossa comunicação deve produzir vida e não o caos.

A comunicação no seu casamento produz vida ou caos? Seu cônjuge é encorajado, edificado e revigorado pelas suas palavras? Você percebe o privilégio e a responsabilidade que temos de refletir a imagem de Deus em nossa comunicação?

DEUS NÃO É "FECHADÃO"

Depois de criar o homem, Deus se comunica. O eterno Deus soberano, em majestade e glória, fala, em linguagem compreensiva ao homem, uma criatura limitada. Ele comunica sua vontade, revelando quem ele é (Gênesis 2:16-17).

Você já tentou conversar com o presidente do Brasil? Já tentou conversar com alguém famoso? Se você não tiver o contato certo, é quase impossível. Mas Deus se comunica conosco. Temos sua Palavra que revela quem Ele é e o que quer de nós. Deus não é tímido, fechado, calado ou distante.

Uma vez que somos sua imagem e semelhança, devemos nos comunicar. Quando não nos comunicamos, agimos contra a identidade que Deus nos deu. Pecamos e prejudicamos a nós mesmos. Timidez na fala não é só um traço de personalidade, pois muitas vezes representa o pecado de egocentrismo ou temor aos homens. É prejudicial à nossa saúde. Por isso Provérbios diz que o isolamento (não me comunicar com ninguém) é egoísmo e loucura ("O solitário busca o seu próprio interesse e se opõe à verdadeira sabedoria". Provérbios 18:1).

No casamento, isso se torna ainda mais importante. Somos chamados a refletir a imagem de Deus ao nosso cônjuge, em uma comunicação plenamente transparente, a ponto de sermos "uma só carne" (Gênesis 2:24). A intimidade vem, em grande parte, por meio da comunicação. Ou seja, a comunicação reflete a imagem de Deus e produz intimidade no casamento. Ela é essencial para o casal cumprir a vontade de Deus. Não é uma opção.

Como vai a comunicação em seu casamento? Vocês realmente se conhecem? Sabem quais são as lutas um do outro? Em que ponto estão na vida cristã?

A comunicação deve ser uma prioridade na agenda conjugal. Separem um tempo diário para conversarem. Escolham um horário em que estão mais tranquilos para contarem um ao outro sobre como foi o dia, com quem conversaram ou trocaram mensagens nas mídias sociais; quais foram os problemas; o que sentiram; como reagiram e o que desejaram. Orem um pelo outro sobre o que conversaram. Criem esse hábito no início do casamento e com o passar dos anos, a comunicação de vocês sempre estará sadia.

A SERPENTE TAMBÉM FALA

Em Gênesis 3 ouvimos pela primeira vez uma voz estranha, que não é a voz de Deus. A serpente fala. E sua primeira fala questiona a fala de Deus (Gênesis 3:1-5). Já estudamos sobre essa passagem.

Nossas falas expressam nossas interpretações. Vivenciamos uma circunstância, interpretamos. Nossa interpretação produz uma emoção. Nossas emoções influenciam nossas palavras.

Satanás, em forma de serpente, traz uma interpretação mentirosa sobre a verdade de Deus e sobre o seu próprio caráter santo. Por aceitar essas mentiras como verdades, o homem faz interpretações erradas até hoje, baseadas nos seus desejos (Gênesis 3:6) e não nas verdades de Deus.

Imagine que o marido chega em casa mais cedo, na expectativa de poder descansar depois de um longo dia de trabalho. Mas, assim que ele entra em casa, encontra o caos. A esposa está suada e descabelada lavando a cozinha. A sala está de pernas para o ar. Ela ainda lhe grita para que tire o sapato antes de entrar.

Agora, se o marido for conduzido pelo seu desejo de descanso, quais palavras você acha que sairão da sua boca? Provavelmente exclamações de descontentamento, críticas indiretas a esposa e um desabafo: "Eu só queria um dia chegar em casa e poder descansar".

Mas, se o marido for conduzido pelo que a Palavra de Deus ensina sobre seu papel de marido e cristão, o que ele falará? Provavelmente ele falaria algo para encorajar a esposa e se ofereceria para arrumar o caos.

Percebeu? É a mesma situação, mas em palavras diferentes. O que mudou? A fonte da interpretação. Ou nos baseamos nas mentiras de Satanás, que despertam nossos desejos, ou nos baseamos nas verdades que refletem o caráter de Deus.

A comunicação no casamento de vocês é baseada na vontade de Deus ou nos desejos egoístas? O que vocês falam e como falam revela o caráter de Deus ou o veneno da serpente? Pergunte-se frequentemente: o que eu desejo alcançar através das minhas palavras? E avalie se é a glória de Deus e o bem do próximo ou se é sua própria satisfação que você deseja alcançar.

REVELANDO O QUE ESTÁ LÁ DENTRO

> A pessoa boa tira o bem do bom tesouro do coração, e a pessoa má tira o mal do mau tesouro; porque a boca fala do que está cheio o coração (Lucas 6:45).

A boa e a má notícia é que nossas palavras sempre revelam nosso coração. É boa notícia porque nossa comunicação nos ajuda na autoavaliação das nossas motivações. É má notícia porque nosso pecado é escancarado pela nossa fala.

Usem a comunicação entre vocês no casamento para ministrarem na vida um do outro. Quando um falar da forma errada, o outro pode ajudá-lo perguntando "Por que você falou o que falou, ou da forma como falou?". Isso ajudará os dois a sondarem o coração e, caso haja pecado, confessarem e se perdoarem.

DEUS USOU A PALAVRA PARA RESGATAR NOSSA COMUNICAÇÃO

> E o Verbo se fez carne e habitou entre nós, cheio de graça e de verdade, e vimos a sua glória, glória como do unigênito do Pai (João 1:14).

Deus deu vida ao criar todas as coisas por meio da sua Palavra. Deus resgatou a criação das presas da serpente por meio da sua Palavra, Jesus. Cristo é chamado de Verbo, em João, que no original é literalmente *logos*, ou seja, Palavra. Ele é a expressão da glória de Deus, que assumiu os nossos pecados na cruz, morrendo em nosso lugar, ressuscitando para nos dar perdão e vida eterna (João 3:16).

Agora, em Cristo, nossa comunicação é livre da escravidão do pecado. Somos capazes de nos comunicar mais uma vez segundo a imagem de Deus. Como o Evangelho tem sido expresso através da comunicação no casamento de vocês?

COMUNICAÇÃO COMO MISSÃO

> Portanto, somos embaixadores em nome de Cristo, como se Deus exortasse por meio de nós. Em nome de Cristo, pois, pedimos que vocês se reconciliem com Deus (2Coríntios 5:20).

Paulo diz que Jesus Cristo morreu para nos resgatar dos nossos desejos pecaminosos. Ele morreu para não vivermos conforme nossas interpretações baseadas em nossos desejos. Vivemos para aquele que morreu e ressuscitou (2Coríntios 5:15-17).

Logo, não vivemos para nós mesmos. Somos embaixadores de Cristo. Um embaixador não pode falar o que quiser, se não, ele pode causar uma crise diplomática. Como embaixadores do rei Jesus, nossa comunicação deve representá-lo. Nossas palavras devem ser de acordo com a missão do Rei. Nossa comunicação deve transmitir o apelo para que as pessoas se aproximem de Deus por meio de Cristo.

No casamento, sua comunicação representa seus desejos ou os desejos do Rei? Suas palavras são usadas para cumprir sua missão ou a missão de Cristo? Seu cônjuge é aproximado de Deus por aquilo que você fala e como fala? Como será seu lar se você falar como um embaixador de Jesus?

DEIXAR, RENOVAR E REVESTIR NA COMUNICAÇÃO

Vamos olhar mais uma vez para Efésios para aprendermos, na prática, como a comunicação deve refletir a imagem de Deus e cumprir a missão do Rei.

Deixar

> Quanto à maneira antiga de viver, vocês foram instruídos a deixar de lado a velha natureza, que se corrompe segundo desejos enganosos (Efésios 4:22).

Efésios começa descrevendo como fomos abençoados com todas as bençãos em Cristo. Paulo descreve essas bençãos como a predestinação do Pai para que sejamos santos e irrepreensíveis, adotados como filhos, redimidos pelo sangue de Jesus e selados com o Espírito Santo (Efésios 1:3-14). Por três vezes repete o propósito dessas bençãos, "para o louvor da sua glória" (Efésios 1:6,12,14).

No capítulo 2, ele relembra como fomos ressuscitados em Cristo, quando estávamos mortos em nossos pecados, para demonstrar em nós a riqueza da sua graça (Efésios 2:1-7). Em outras palavras, para o louvor da sua glória.

A boa e a má notícia é que nossas palavras sempre revelam nosso coração. É boa notícia porque nossa comunicação nos ajuda na autoavaliação das nossas motivações. É má notícia porque nosso pecado é escancarado pela nossa fala.

E no capítulo 3, Paulo revela o plano divino de, em Cristo, acabar com as divisões na humanidade, tornando todos os que creem, judeus e não judeus, em um só povo, para que, através da igreja, sua multiforme sabedoria se tornasse visível aos seres espirituais (Efésios 3:10). Mais uma vez, vemos a ideia de Cristo ser louvado em nós.

Então, no capítulo 4, Paulo nos exorta para que vivamos de forma digna desse chamado em Cristo. Ou seja, que vivamos para o louvor da glória de Deus. Esse deve ser nosso alvo na comunicação.

No verso 22, o texto é bem prático em nos mostrar como nossa comunicação é transformada para cumprir esse alvo. Primeiro deixamos o estilo do velho homem, que vivia para os seus desejos enganosos. A vida antes de Cristo é marcada por uma busca de satisfazer nossos desejos, crendo que neles temos plena satisfação. Mas aqueles desejos são enganosos. Não cumprem o que prometem.

Você já falou algo motivado por sua ira, inveja ou cobiça? Como se sentiu após expressar esses sentimentos? Ficou em paz? Trouxe-lhe alegria? Com certeza não. Você sente culpa, remorso, constrangimento e dor. Por isso, para uma comunicação que expresse a imagem de Deus e cumpra a missão do Rei, devemos deixar nossos desejos de lado.

Você é daquele tipo que "fala mesmo"? Não leva desaforo para casa? Justifica suas palavras pecaminosas dizendo que, pelo menos, é sincero? Que tem sangue italiano ou espanhol ou de qualquer outra nacionalidade? Isso tem te ajudado? Tem ajudado outros? Ou só tem trazido caos (Tiago 3:16)?

Renovar

> (...) a se deixar renovar no espírito do entendimento de vocês (Efésios 4:23).

Depois de deixar o velho homem, motivado pelos seus desejos, o texto nos exorta a renovarmos nosso entendimento. Nossa forma de pensar deve ser transformada por Cristo. Nós interpretamos agora a partir das verdades de Deus (Filipenses 4:8).

No exemplo do marido que chega em casa e encontra o caos, ele pensa a partir do seu desejo, o descanso. Isso vai levá-lo a interpretar toda circunstância a partir do desejo egoísta do descanso: "Deus não é bom, porque não me deu um ambiente para descansar. Minha esposa é minha inimiga, porque ela intencionalmente não arrumou a casa para eu descansar. Minha vida é muito difícil, porque não consigo descansar".

Mas se pensar a partir da Palavra, a interpretação é diferente: "Não devo fazer as coisas pensando só no que eu quero, mas também no que as outras pessoas precisam (Filipenses 2:3;4). Minha esposa precisa de minha ajuda. Vou ajudá-la".

Como você interpreta aquilo que acontece com você e em sua volta? É baseado no que você sente ou no que Deus diz? Como isso tem afetado o que você fala? Seu casamento será edificado quando você interpretar as circunstâncias, mesmo as ofensas do cônjuge, a partir do evangelho de Cristo.

Revestir

> (...) e a se revestir da nova natureza, criada segundo Deus, em justiça e retidão procedentes da verdade (Efésios 4:24).

A vida cristã não é passiva. Não é apenas "não pecar", mas agir. O último passo na transformação da comunicação é assumir a nova identidade, como novos homens em Cristo. Enquanto o velho homem vive para seus desejos enganosos, o novo homem vive para ser imagem de Deus. Ele age como Deus em justiça e retidão. Faz aquilo que é certo e correto. E quem diz o que é o certo? A verdade da Palavra de Deus (João 17:17).

Logo, minhas palavras não expressam mais meus desejos, mas a vontade e o caráter de Deus. Paulo descreve alguns exemplos práticos.

ALGUNS EXEMPLOS

Os versículos que seguem, de Efésios, oferecem algumas áreas específicas onde a língua pode ministrar vida ou morte.

Fale só a verdade

> Por isso, deixando a mentira, que cada um fale a verdade com o seu próximo, porque somos membros do mesmo corpo (Efésios 4:25).

O velho homem usa a mentira para se beneficiar, segundo os seus desejos. O novo homem fala a verdade ao próximo, pois não há mentira em Deus (Tito 1:2). Vemos o processo descrito por Paulo do velho homem *deixar* a mentira, *renovar a* forma de pensar, pois "somos membros do mesmo corpo"; e se *revestir* da identidade de um novo homem: "falar a verdade com o seu próximo".

Você é totalmente verdadeiro no seu casamento? Se o casal é "uma só carne", mentir para o cônjuge é prejudicar a si mesmo. É tolice. Fale a verdade para construir um relacionamento de confiança e de intimidade que honra a Deus.

Não fale irado

> Fiquem irados e não pequem. Não deixem que o sol se ponha sobre a ira de vocês, nem deem lugar ao diabo (Efésios 4:26;27).

O velho homem segue seu desejo e fala motivado por sua ira. Acaba destruindo a si mesmo e ao próximo. O novo homem, em Cristo, controla a sua ira. Respira, ora e não age segundo os seus desejos. Porém, ele acerta o relacionamento sem deixar passar muito tempo. Ele vai conversar com quem o deixou irado. Vai exortar ou pedir perdão. Ele não vai deixar passar a situação sem uma conversa, pois sabe que se não for acertado, o diabo terá lugar em seu coração, plantando amargura que esfriará o relacionamento ou explodirá em outro conflito.

Você fala dominado pela ira? Ou não fala nada, esperando que o "tempo cure", mas acaba guardando mágoa no coração, interpretando tudo o que o cônjuge faz baseado nessa amargura? Comprometam-se a não tentarem resolver seus conflitos no calor da ira e nem deixar passar muito tempo para se acertarem (falaremos mais sobre como fazer isso no próximo capítulo).

Seja generoso na comunicação

> Aquele que roubava não roube mais; pelo contrário, trabalhe, fazendo com as próprias mãos o que é bom, para que tenha o que repartir com o necessitado (Efésios 4:28).

Você é totalmente verdadeiro no seu casamento? Se o casal é "uma só carne", mentir para o cônjuge é prejudicar a si mesmo. É tolice. Fale a verdade para construir um relacionamento de confiança e de intimidade que honra a Deus.

Esse é o único exemplo dado por Paulo que não tem ligação direta com comunicação. O velho homem tira daquilo que pertence ao próximo para benefício próprio. O novo homem tira "do próprio" para benefício do próximo. Ele faz isso para suprir o necessitado. O contrário de roubar é ser generoso.

Poderíamos aplicar aqui à generosidade na comunicação. Elogiar o outro ao invés de esperar que o outro o elogie. Edificar ao invés de esperar ser edificado. Comunicar da forma correta ao invés de esperar comunicação correta. Nesse sentido, você é generoso em sua comunicação no lar?

Fale só o que edifica

> Não saia da boca de vocês nenhuma palavra suja, mas unicamente a que for boa para edificação, conforme a necessidade, e, assim, transmita graça aos que ouvem (Efésios 4:29).

O velho homem fala palavras inúteis, sujas, que destroem o outro ou contribuem com sua imaturidade espiritual. O novo homem fala somente o que edifica, constrói e contribui para o crescimento do outro, pois sabe que isso transmite graça aos que ouvem.

O que você fala ao seu cônjuge contribui para o crescimento dele? Há algo que você fala que o destrói ou prejudica sua edificação? Qual é a necessidade dele hoje? Como você pode suprir essa necessidade na forma e no que falar? A comunicação no casamento de vocês pode ser classificada como graciosa?

Fale somente o que agrada ao Espírito

> E não entristeçam o Espírito de Deus, no qual vocês foram selados para o dia da redenção. Que não haja no meio de vocês qualquer amargura, indignação, ira, gritaria e blasfêmia, bem como qualquer maldade. Pelo contrário, sejam bondosos e compassivos uns para com os outros, perdoando uns aos outros, como também Deus, em Cristo, perdoou vocês" (Efésios 4:30-32).

Por fim, o velho homem fala motivado por amargura (falta de perdão), indignação (orgulho, não se sentir tratado de forma digna), ira (raiva), gritaria (humilhação e manipulação pelo medo), blasfêmia (diminuir por meio de mentiras humilhantes) e maldade (intenção de fazer o mal ao outro).

O novo homem fala motivado pela bondade (intenção de fazer o bem ao outro), compaixão (se colocando no lugar do outro), perdão (motivado pelo próprio perdão que recebeu de Deus em Cristo). Pois sua intenção é não entristecer o Espírito, sendo guiado por ele (Gálatas 5:22;23).

O Espírito Santo é honrado na comunicação do seu lar? É ele quem determina o que é falado e como é falado? Há algum elemento da lista do versículo 31 presente nas discussões entre vocês?

Comunique ao escolher não falar, só ouvir

> Vocês sabem estas coisas, meus amados irmãos. Cada um esteja pronto para ouvir, mas seja tardio para falar e tardio para ficar irado (Tiago 1:19).

Um princípio de comunicação que não está em Efésios, mas é importante no contexto da comunicação no casamento é o "ouvir". Algo difícil para nós homens, mas importante para as mulheres (na verdade, os homens também gostam de ser ouvidos). Quando ouvimos, honramos a pessoa que fala. Demonstra que estamos interessados nela. Às vezes, o que o cônjuge precisa é simplesmente ser ouvido.

Não gostamos de ouvir porque somos orgulhosos. Não queremos crescer com a sabedoria dos outros, queremos expressar nossa "sabedoria" (Provérbios 18:2). Quando um cônjuge não tem paciência de ouvir, demonstra orgulho e arrogância. Muitas vezes os conflitos acontecem no casamento porque não sabemos ouvir. Tiramos conclusões precipitadas, não tentamos compreender o ponto de vista do outro e acabamos irados, como diz o texto acima, de Tiago.

Vocês são rápidos em falar e tardios para ouvir, ou tardios para falar e prontos para ouvir? Já tiveram conflitos pela falta de ouvir? Como vocês podem crescer nessa área?

CONCLUSÃO

A comunicação no casamento deve seguir o propósito que temos visto desde o início do livro, que é refletir a imagem de Deus. Começando em casa, devemos nos portar, inclusive no que falamos, como embaixadores de Cristo. Nossa comunicação deve levar o outro para mais perto de Deus.

Gustavo e Nathália precisam relembrar essas verdades antes que o casamento deles desmorone. A comunicação bíblica é essencial para intimidade do casal. Não é algo que depende da nossa "personalidade", mas depende da nossa identidade em Cristo.

A LIÇÃO PRINCIPAL

A comunicação no casamento deve refletir o caráter de Deus e promover a unidade do casal.

PARA DISCUSSÃO

1. Como a comunicação reflete a imagem de Deus? Como isso acontece no casamento?
2. Qual de vocês tem mais dificuldade em se comunicar? Qual é a dificuldade? Como vocês podem se ajudar mutuamente na comunicação?
3. Graça ou desgraça caracteriza a comunicação em seu lar? Quais passos concretos vocês podem tomar como família para que sua comunicação reflita o caráter de Deus?
4. Releiam a lista de princípios de comunicação em Efésios 4:25-32. Qual deles precisa ser melhorado no casamento de vocês?

RECURSOS

- *15 lições para transformar seu casamento*, de David e Carol Sue Merkh, Hagnos, 2020.
- *Guerra de palavras*, de Paul Tripp, Cultura Cristã, 2019.

YOUTUBE – PALAVRA E FAMÍLIA

- Casamento cristocêntrico: Comunicação
  https://www.youtube.com/watch?v=ct9CZRTHhuA&t=531s

- Códigos conjugais: Dicas para melhorar a comunicação conjugal
  https://www.youtube.com/watch?v=JSkdgthL_CQ&t=13s

13

DAVID MERKH[1]

É PRECISO DOIS PARA BRIGAR: TORNANDO-SE UM NOS CONFLITOS CONJUGAIS

---

[1] Partes deste capítulo foram adaptadas dos capítulos "A raiz dos conflitos conjugais" e "Resolvendo conflitos conjugais", de *15 lições para fortalecer a família*, de David e Carol Sue Merkh e Ralph e Ruth Reame, "Comunicação conjugal", de *15 lições para transformar seu casamento*, de David e Carol Sue Merkh. Também utilizamos estudos sobre conflito publicados pelo ministério da *Christian Counseling and Education Foundation* (CCEF), Glenside, Pennsylvania, EUA.

JOÃO E MÁRCIA são casados há 5 anos. No início do casamento, apesar de algumas discussões tensas, foi tudo mais ou menos tranquilo. Mas com o passar dos anos, e depois do nascimento da Angélica, sua primogênita, parece que os dois não conseguem mais conversar. A Márcia reclama que João só pensa no serviço e videogames, chega atrasado, foge das conversas, tem pouco envolvimento na vida da filha e não é um líder espiritual do lar.

João por sua vez já não aguenta mais as reclamações da esposa, que não entende a pressão que ele enfrenta no serviço, especialmente numa economia em crise. Ele faz o melhor que pode para prover para a família e ressente o fato de que a Márcia parece não valorizar seu esforço. A frieza entre eles já afetou a vida íntima do casal e, às vezes, João tem recorrido à pornografia para satisfazer seus desejos. Uma vez a Márcia o flagrou nisso, e desde então, as coisas só pioraram. Pela primeira vez estão seriamente considerando o divórcio.

Os conflitos são inevitáveis na vida. Fazem parte de todo casamento, de toda família. Por sermos pecadores, sempre haverá desavenças. É um engano imaginar que boas famílias não têm conflitos e famílias ruins sempre os têm.

Ken Sande em seu livro *Os conflitos no lar e as escolhas do pacificador* sugere que, no início do casamento, os cônjuges "conseguem perdoar um ao outro recorrendo ao reservatório de boa vontade que Deus dá à maioria dos recém-casados. Mas assim que este reservatório seca, seus conflitos se tornam mais intensos e os danos mais difíceis de reparar".[2]

---

[2] Ken Sande e Tom Raabe, *Os conflitos no lar e as escolhas do pacificador*, p. 20.

Deus pode usar conflitos, tantos os "bons" como os "ruins", para avançar seu Reino e também fortalecer as nossas vidas. Gary Thomas afirma que "Um conflito solucionado com sucesso cria um laço ainda mais forte no final".[3] Aprendemos essa lição no Cântico dos Cânticos, onde o casal enfrenta um conflito na área sexual, mas ele é superado pela graça e perdão mútuo, culminando num casamento mais forte (veja Cantares 5-8). Thomas ilustra: "Se não houvesse uma colisão entre a Índia e a Eurásia, não haveria o Himalaia. Nossas colisões do casamento podem criar relacionamentos de beleza".[4]

A pergunta-chave sobre conflitos é: "Como responderemos aos conflitos de modo que agrade a Deus?" Mais uma vez, a resposta vai direto às motivações do coração em meio ao conflito.

Temos quatro alvos neste capítulo:

1. Entender algumas causas comuns de conflito entre casais nos primeiros anos do casamento.
2. Conhecer o próprio coração e entender seus motivos egoístas em meio ao conflito.
3. Descobrir mecanismos impiedosos e piedosos para lidar com o conflito.
4. Traçar um caminho de resolução de conflitos pela graça e para a glória de Deus.

CAUSAS COMUNS DE CONFLITO

Nem sempre os conflitos são uma questão de "certo ou errado". Às vezes, precisaremos de maturidade para concordar em discordar. Muito mais importante é como agimos durante o conflito e por que agimos assim.

Pessoas que respondem a conflitos naturais da vida colocando a própria vitória acima de relacionamentos revelam um coração egoísta. Visam mais àquilo que elas mesmas podem ganhar do que à glória de Deus. Seu alvo é controlar a situação e não ministrar a graça de Deus na vida daqueles que estão ao seu redor.

---

[3] Gary Thomas, *Casamento sagrado*, p. 181.
[4] Ibidem, p. 142.

A seguir, oferecemos um resumo de algumas das principais causas de conflito comuns entre todos, para depois tratarmos de causas específicas entre casais.[5]

1. A família é composta por pecadores (Romanos 3:23)

Como já vimos, a família é como porcos-espinhos coabitando a mesma toca. Numa noite fria, quando tentamos nos achegar um ao outro, levamos alfinetadas. Pecadores pecam e o pecado dói. Machucamos as pessoas mais próximas de nós.

2. Casamento une duas culturas diferentes.

A confusão das línguas na Torre de Babel (Gênesis 11) culminou na dispersão dos povos sobre a face da Terra e a diversificação de culturas. Hoje, cada povo (e cada família) tem sua própria cultura. O casamento mescla culturas, mas também gera conflitos.

3. Somos egoístas (Provérbios 18:2)

O amor-próprio, antítese da vida de Cristo, manifesta-se em muitos mecanismos de manipulação em meio a conflitos. Veja esses quatro "Ps" que caracterizam o egoísmo em conflito:

Poder. A pessoa usa toda a sua autoridade para sobrepujar qualquer concorrente: eleva a voz, usa a força física e aproveita a sua posição de autoridade (como pai/mãe, primogênito, filho predileto, provedor principal etc.). Seu alvo é ganhar o conflito.

Paz. A pessoa paga qualquer preço para apaziguar o conflito. O temor dos homens e o medo da rejeição podem levar à opinião de que não vale a pena resolver o conflito; é melhor "varrê-lo para debaixo do tapete". Muitas vezes, entretanto, essa pessoa adota a filosofia: "Você me deve pela paz que eu trouxe", demonstrando que seu alvo é ser aceita pelos outros.

---

[5] Esta lista é um resumo, com adaptações e acréscimos, do excelente livro de Ken Sande mencionado anteriormente: *Os conflitos no lar e as escolhas do pacificador,* de Ken Sande e Tom Raabe.

Proteção. A pessoa minimiza o problema, negando que ele existe: "Que problema? Não temos nenhum problema". Seu alvo é evitar a dor decorrente de um conflito, mesmo que isso signifique viver uma fantasia.

(Auto)Piedade. A pessoa faz o papel do "coitadinha": "eu nunca acerto", "sempre faço tudo errado", "ninguém me compreende" e outras declarações semelhantes acabam virando a mesa no conflito. A pessoa escapa da responsabilidade e desarma a outra. Seu alvo é desviar o foco do problema e evitar o conflito.

4. As finanças nos dividem

Mateus 6:24 deixa claro que ninguém consegue servir a dois senhores. O dinheiro é excelente servo, quando usado corretamente, mas um péssimo senhor. Amós ecoa essa mesma ideia quando pergunta: "Será que dois andarão juntos, se não estiverem de acordo?" (Amós 3:3). Talvez haja mais conflitos sobre dinheiro do que em qualquer outra área do casamento.

5. Sofremos pela inversão de papéis

A entrada do pecado no mundo começou quando Adão e Eva abandonaram seus respectivos papéis no lar (Gênesis 3:1-6,17). Isso foi tratado por Deus através de uma espécie de *lex talionis* em que o castigo corresponde ao crime. Deus falou para a mulher: "O seu desejo será para [contra] o seu marido, e ele a governará" (Gênesis 3:16). Ou seja, a disciplina que Deus impõe ao casal por conta da inversão dos papéis seria uma guerra entre marido e esposa, em que cada um tentaria subjugar ao outro: um abandono completo do amor sacrificial do marido e do auxílio idôneo da esposa (Efésios 5:22-33; Gênesis 2:15-20).

6. Há grandes diferenças entre os sexos

O apóstolo Pedro reconhece essa dificuldade quando chama os maridos para realmente *conhecerem* as suas esposas e tratá-las com a honra e a dignidade que merecem (1Pedro 3:7). A ordem se torna necessária porque somos tão diferentes.

7. Somos teimosos e brigamos por motivos bobos

A estultícia está amarrada ao coração humano (Provérbios 22:15). Às vezes brigamos simplesmente porque somos briguentos. Acordamos mal-humorados e não queremos que isso mude ao longo do dia.

8. Permitimos que ídolos em nosso coração sejam a fonte da nossa identidade

"De onde procedem as guerras e brigas que há entre vocês? De onde, senão dos prazeres que estão em conflito dentro de vocês?" (Tiago 4:1). O coração humano, conforme a declaração famosa do reformador João Calvino, é uma fábrica perpétua de ídolos. Muitas vezes, a nossa identidade envolve os ídolos que servimos. Quando alguém interfere em nosso ídolo, isso toca no fundo do nosso ser e pode causar grande conflito.

Para ajudar a desmascarar alguns ídolos do nosso coração, podemos fazer algumas perguntas diagnósticas (veja Ezequiel 14):

- O que eu quero tanto, que estou disposto a pecar para consegui-lo?
- O que eu temo?
- Com o que estou preocupado?
- Qual a primeira coisa que vem à minha mente, de manhã, e a última coisa em que penso, à noite?
- Como completo esta frase: "Eu ficaria feliz, realizado e seguro se, ao menos, acontecesse...".
- Eu me sinto frustrado, ansioso, irado ou deprimido quando _____ não acontece?

CAUSAS ESPECÍFICAS DE CONFLITO CONJUGAL

Nos dias 14 e 15 de abril de 1912, o majestoso Titanic terminou sua viagem inaugural no fundo do mar, um desastre no qual morreram quase 1.500 pessoas. Mas o que constrangeu todo o mundo foi o fato de que aquele desastre poderia ter sido evitado. Vários alertas foram feitos ao navio sobre o perigo de icebergs. Ao que tudo indica, porém, o capitão Smith ignorou as advertências, preferindo confiar em seu navio "inafundável".

Muitos casamentos enfrentam um oceano repleto de icebergs de conflitos. Talvez esses perigos pareçam menores na superfície do que realmente são. Você está com seu radar matrimonial ligado para verificar se alguns desses perigos estão no horizonte do seu casamento? Vamos identificar alguns deles e apresentar algumas sugestões práticas para tirar esses obstáculos do nosso caminho.

1. Distanciamento

O primeiro iceberg capaz de afundar o matrimônio faz parte do processo natural em que a paixão da lua de mel se transforma em um amor mais maduro e estável. Mas, cuidado! "Estável" pode também ser sinônimo de "frio" se o casal não se guardar de uma vida rotineira e previsível demais. Um ditado universal afirma que "a distância produz saudade, impõe respeito" e, muitas vezes, "a familiaridade produz ódio".

O livro de Provérbios afirma que podemos e devemos manter acesa a chama do nosso amor. Falando do amor romântico no casamento, o autor diz: "Seja bendito o seu manancial, e alegre-se com a mulher da sua mocidade, corça amorosa e gazela graciosa. Que os seios dela saciem você em todo o tempo; embriague-se sempre com as suas carícias. (Provérbios 5:18,19). O Cântico dos Cânticos relata a história de distanciamento (o inverno no relacionamento) e esfriamento do amor, um tempo depois das núpcias (Cantares 2 e 5, respectivamente).

Sugestão: Quando foi a última vez que vocês saíram, só os dois, para um "escape romântico"? Pelo menos uma vez por ano, o casal deve fazer todo esforço para planejar uma saída – talvez um retiro ou congresso de casais, ou até mesmo um fim de semana longe de casa, dos filhos, do trabalho, da igreja e da vida rotineira.

2. Monotonia e egoísmo

Outro perigo no mar matrimonial, relacionado com o primeiro, é a monotonia. A mesmice – as mesmas rotinas, dia após dia, semana após semana, mês após mês, ano após ano – afoga o relacionamento com ondas de mediocridade. Em meio a tantas preocupações com a carreira, com contas a pagar e muito mais, as pequenas cortesias praticadas no tempo do namoro e noivado ficam para trás. Acabamos voltando toda a nossa atenção para nós mesmos e não mais para o cônjuge. O texto de 1Coríntios 13 nos faz lembrar que um amor vivo não se conduz inconvenientemente, não procura os seus interesses, tudo sofre, tudo crê, tudo espera e tudo suporta.

Sugestão: Que tal voltar a "paparicar" seu cônjuge, como você fazia antes? Abrir uma porta, escrever um bilhete, massagear os pés, fazer cafuné, levar uma flor para a esposa, sair para jantar, dar um abraço "fora da hora" e muitos outros agrados são maneiras de dizer "eu te amo" e interromper a monotonia no relacionamento.

3. Carreira x família

Para muitos, essas duas responsabilidades se chocam no casamento. O tempo em que muitas carreiras disparam coincide com o tempo em que as demandas familiares aumentam, seja pela chegada dos filhos, os desafios financeiros ou simplesmente o ritmo frenético da vida moderna. Conflito é o resultado natural dessa dificuldade.

As Escrituras Sagradas colocam em questão nossa ambição desenfreada. O salmista nos desafia: "Se o Senhor não edificar a casa, em vão trabalham os que a edificam. Se o Senhor não guardar a cidade, em vão vigia a sentinela. Será inútil levantar de madrugada, dormir tarde, comer o pão que conseguiram com tanto esforço; aos seus amados ele o dá enquanto dormem" (Salmos 127:1,2). E ainda declara: "Senhor, não é orgulhoso o meu coração, nem arrogante o meu olhar. Não ando à procura de coisas grandes, nem de coisas maravilhosas demais para mim" (Salmos 131:1).

Sugestão: Avalie suas prioridades como família. A promoção que você está pleiteando realmente vale a pena? Os filhos precisam que você ganhe mais dinheiro ou que passe mais tempo eles? Você tem de trazer tanto trabalho para casa à noite ou nos finais de semana? Nenhum comerciante termina sua vida arrependido por não ter fechado mais um negócio, mas muitos sofrem por não ter investido mais na vida da sua família.

4. Mágoas

Pequenos atritos e conflitos não resolvidos acumulam-se no decorrer dos anos e facilmente fazem naufragar relacionamentos. Por isso, o apóstolo Paulo aconselha: "Fiquem irados e não pequem. Não deixem que o sol se ponha sobre a ira de vocês, nem deem lugar ao diabo" (Efésios 4:26,27). Nem sempre vamos concordar a respeito de tudo e, às vezes, ao longo de um casamento, temos de concordar em discordar. Se, no entanto, não resolvermos nossas diferenças, as mágoas se empilharão entre nós, afastando-nos um do outro. Por esse efeito cumulativo, muitos casamentos acabam afundando.

Sugestão: Se existem questões não resolvidas entre vocês, o primeiro passo é reconhecer a sua parte no conflito e pedir perdão (não desculpas) ao seu cônjuge, sem exigir ou esperar que ele faça o mesmo. O perdão ministra a graça de Deus em seu lar e remove obstáculos que facilmente fazem naufragar um relacionamento. A vontade de Deus é que adotemos atitudes e estratégias *cristãs* na resolução de conflitos.

RESOLVENDO CONFLITOS PARA A GLÓRIA DE DEUS

O caminho correto para a resolução de conflitos encara a situação em si como uma oportunidade para ministrar a graça de Deus. A vida de Cristo em nós se revela em meio ao conflito quando sinceramente buscamos o bem do outro acima dos nossos desejos (veja Filipenses 2:3-8). Essa atitude diante de disputas requer, acima de tudo, uma experiência pessoal com a graça de Deus revelada na cruz de Cristo.

Como podemos atingir tamanha fé e segurança em Cristo, a ponto de sermos capazes de resolver conflitos e ministrar a graça de Deus na vida das pessoas? Vamos traçar quatro passos que a Bíblia nos ensina e que devemos seguir quando estamos diante de um conflito familiar:

1. Conhecer a Deus e nossa posição em Cristo

A segurança em nossa posição em Cristo, a certeza da nossa identidade e do nosso futuro nos permitem abrir mão dos nossos "direitos". Foi assim com Jesus em João 13:1-5 quando ele, sabendo quem era, de onde vinha e para onde ia, lavou os pés dos discípulos.

Quando somos seguros em nossa identidade em Cristo, podemos ouvir coisas dolorosas sobre nós mesmos sem desejar a vingança. Podemos enfrentar um conflito sem nos sentirmos ameaçados por ele. Não é preciso que manipulemos o outro para mudá-lo, pois sabemos que só Cristo tem o poder de realizar a mudança verdadeira. Achar nossa suficiência em Cristo nos permite ouvir críticas, ceder direitos, realizar mudanças, ministrar graça, viver em paz e, acima de tudo, servir aos outros como Cristo fez.

2. Conhecer o estado do nosso coração

Em conflitos familiares, especialmente entre casais, em vez de fazer listas mentais de tudo o que o cônjuge fez de errado, procure examinar o seu coração e enumerar suas próprias falhas. Se cada cônjuge focalizasse sua parte do problema e tentasse compreender o lado do outro, a grande maioria dos conflitos acabaria de vez.

No livro de Salmos 139:23,24, o salmista pede que Deus revele para ele o que estava em seu próprio coração. O conflito expõe nosso coração. As circunstâncias do conflito não produzem atitudes de ira, impaciência e egoísmo, mas manifestam o que já temos em nosso interior. Por isso, em conflitos familiares, é preciso reconhecer que o coração é enganoso (Jeremias 17:9) e deixar de culpar as circunstâncias ou outras pessoas pelo próprio pecado.

3. Procurar entender a outra pessoa

Nossa tendência natural é encarar a situação somente pela nossa perspectiva. Vemos nosso lado através de lentes cor-de-rosa e o lado da outra pessoa, através de lentes escuras. Se estivermos mais interessados em apontar os defeitos da outra pessoa do que em reconhecer e confessar a nossa responsabilidade no conflito, sinais imediatos de perigo surgirão, indicando que nosso foco no conflito está totalmente errado.

Nunca poderemos resolver conflitos sem "entrar na pele" da outra pessoa. Faz parte da vida de Cristo em nós procurarmos ver as circunstâncias do ponto de vista do outro. Foi assim que Cristo, nosso sumo sacerdote, compadeceu-se da nossa fraqueza (Hebreus 4:15,16).

Provérbios nos aconselha a sermos mais outrocêntricos em meio às desavenças:

> O tolo não tem prazer no entendimento, mas apenas em externar o que pensa (Provérbios 18:2).

> Os propósitos do coração humano são como águas profundas, mas quem é inteligente sabe como trazê-los à tona (Provérbios 20:5).

A essa altura, a resolução de conflitos de forma bíblica pode acontecer. Isso não é garantia de que sempre concordaremos, ou de que a outra pessoa se mostrará disposta a se reconciliar conosco, pelo menos de imediato. Mas teremos a tranquilidade de saber que fizemos o possível para manter a paz entre nós (Romanos 12:18).

Para isso, teremos de escolher bem a hora e a maneira de abordarmos a situação e o conflito. Não é preciso resolver todos os conflitos instantaneamente. Deus age assim conosco. Se ele fosse tratar de tudo que está errado em nossa vida hoje, morreríamos de desânimo. Entre os cônjuges, há momentos melhores e piores para enfrentar as áreas de conflito.

4. Seguir princípios bíblicos de comunicação em meio ao conflito

Já tratamos de alguns princípios de comunicação baseados em Efésios 4:25-32 no capítulo anterior. Outro, que é fundamental, é Provérbios 15:1: "A resposta branda desvia o furor, mas a palavra dura suscita a ira".

Compartilho aqui uma ilustração nítida do poder da palavra branda, que aconteceu quando recebemos uma visita de um casal idoso. O marido, um homem de personalidade difícil e muitas vezes briguento, ficou visivelmente irritado quando a esposa esqueceu de fazer algo que ele havia pedido no dia anterior: "Como você pôde esquecer disso?", ele perguntou, indignado. A resposta da esposa foi imediata: "Ah, meu bem", ela disse, "você me fala tantas coisas maravilhosas o dia todo, como eu posso lembrar de todas elas?".

Pronto. O homem murchou na nossa frente e entendemos o poder de uma palavra suave, branda, cheia de graça e sabedoria. Essa é uma característica da vida de Jesus em nós, uma vida mais preocupada com os interesses dos outros do que com seus próprios interesses (Filipenses 2:3-8). Se os casais tivessem esse mesmo sentimento outrocêntrico demonstrado por Jesus, o que aconteceria com a maioria dos conflitos? Se cada vez que um quisesse brigar e o outro respondesse com palavras brandas, a maioria dos conflitos acabaria de vez.

Com esse princípio e outros em mente, oferecemos uma sugestão de regras que poderia apaziguar muitos conflitos familiares.

REGRAS EM MEIO AO CONFLITO:
Os 10 mandamentos de discussão familiar

1. Não guardarás mágoas de um dia para o outro no teu coração (Efésios 4:26,27).
2. Em uma discussão, não altearás a voz, mas devolverás palavras brandas (Provérbios 15:1).
3. Não usarás termos grosseiros em uma discussão (Efésios 4:29).
4. Não comentarás com outras pessoas as falhas que vires em teu cônjuge (Provérbios 10:18; 11:9).
5. Não usarás o silêncio (nem o sexo!) como arma contra o teu cônjuge (Provérbios 18:1; 1Coríntios 7:1-5).
6. Não envolverás terceiros (muito menos os filhos) em uma discussão (Gênesis 2:24).
7. Manterás tua boca fechada até entenderes o que o outro realmente está dizendo (Provérbios 18:2).
8. Procurarás entender a perspectiva do outro e buscarás os interesses dele em primeiro lugar (Filipenses 2:3-8).
9. Confessareis os pecados um ao outro e perdoareis um ao outro graciosamente (Tiago 5:16; Efésios 4:31,32).
10. Procurarás ajuda quando não conseguires resolver teus problemas em conjunto (Provérbios 20:5; 15:22).

A IMPORTÂNCIA DO CONFRONTO BÍBLICO

Por fim, é preciso reconhecer que, embora muitos conflitos venham de uma raiz nociva, alguns deles têm propósito no plano divino. Quando um irmão é surpreendido em alguma falta, Deus exige que nós o confrontemos (Gálatas 6:1; Mateus 18:14; Lucas 6:41,42). Deus pode usar conflitos para aperfeiçoar nosso caráter: "O ferro se afia com ferro, e uma pessoa, pela presença do seu próximo" (Provérbios 27:17). Então, não fujamos de conflitos bíblicos que podem nos tornar mais parecidos com Jesus.

Nem sempre conseguiremos resolver os conflitos. Veja o que aconteceu entre Paulo e Barnabé, em Atos 15:36-40). Às vezes teremos que aplicar Romanos 12:18 que diz: "Se possível, no que depender de vocês, vivam em paz com todas as pessoas". Paulo reconhece a possibilidade de que a outra pessoa não queira acertar conosco. Mesmo assim, devemos fazer tudo o que estiver ao nosso alcance para manter relacionamentos limpos, para resolver as discórdias, especialmente com os membros da nossa família.

CONCLUSÃO

João e Márcia ainda têm muito a aprender sobre como administrar os conflitos entre eles. Mas aos poucos estão aprendendo a administrar as desavenças com graça e perdão, sem fugir da raia. Reconhecem alguns ídolos do coração que têm sido destronizados. Sabem que o conflito é inevitável entre seres humanos, especialmente no lar, pois ali "somos o que somos". E já descobriram que existem conflitos proveitosos, aqueles que surgem por causa da obediência à Palavra de Deus, pois ela nos recomenda que confrontemos, humildemente, o irmão em pecado. Acima de tudo, sabem que, quando a vida outrocêntrica de Cristo manifesta-se entre eles, os conflitos serão administrados com graça e misericórdia para o bem de todos.

A LIÇÃO PRINCIPAL

A vida de Cristo em nós faz com que administremos os conflitos cientes do egoísmo nato do nosso coração e desejosos de ministrar graça ao cônjuge, para a glória de Deus.

PARA DISCUSSÃO

1. Por que para a maioria das pessoas é tão importante vencer os conflitos em vez de ministrar graça?
2. Das causas de conflito citados neste capítulo, quais representam um desafio maior para você?
3. Você se lembra de uma situação explosiva que foi desarmada por uma palavra branda? O que aconteceu?
4. Das dez "regras para discussão", quais fariam maior diferença nos conflitos conjugais do seu lar?

RECURSOS

- "A raiz dos conflitos conjugais" e "Resolvendo conflitos conjugais" em *15 lições para fortalecer a família*, de David e Carol Sue Merkh e Ralph e Ruth Reamer, Hagnos, 2020.
- *101 ideias de como papariciar sua esposa* e *101 ideias de como papariciar seu marido*, de David e Carol Sue Merkh, Hagnos, 2020.
- *Os conflitos do lar e as escolhas do pacificador*, de Ken Sande e Tom Raabe, Nutra, 2011.
- *Casamento sagrado*, de Gary Thomas, Esperança, 2022.

YOUTUBE – PALAVRA E FAMÍLIA

- De onde vêm as brigas
https://www.youtube.com/watch?v=QVCRJqUuG_4

- 10 Dicas para brigar melhor
https://www.youtube.com/watch?v=xfq702bCZd8&t=288s

14

RICARDO LIBANEO

ENCONTROS E DESENCONTROS NA VIDA ÍNTIMA: TORNANDO-SE UM SEXUALMENTE

CARLOS E ALINE são recém-casados. Eles se dão muito bem. Também afirmam que lidam bem com a rotina puxada que assumiram agora, visando o crescimento profissional, que permitirá uma vida mais confortável depois. Carlos fica fora quase o dia todo chegando sempre muito tarde. Aline faz pós-graduação aos finais de semana. Quando estão juntos, não tem muita disposição física, pois estão cansados. A vida sexual está fria, porém, eles não veem isso como um problema: "Logo vamos poder colher o fruto do nosso esforço". Não percebem o risco em que estão se colocando. Ela tem apreciado cada vez mais a atenção que um dos professores da pós lhe dá. Ele não tem sido tão seletivo no que consome na internet. Sem perceber, os dois estão navegando em direção ao naufrágio sexual.

APAGÃO SEXUAL

Por incrível que pareça, em uma sociedade "sexualizada", as pesquisas atuais revelam que a geração atual pratica menos sexo do que as gerações anteriores.[1] Esse fenômeno tem sido chamado de "apagão sexual". Isso me lembra o que o Pr. David Merkh, com quem escrevo este livro, diz: "Satanás incentiva libertinagem antes do casamento e o celibato depois," ou seja, "quanto mais antes, menos depois..."

Russel Moore, em seu artigo "Amor falso, guerra falsa", explica que muitos homens estão viciados em pornografia, pois ela promete prazer sem intimidade. Assim, jovens estão entrando no casamento sem

---

[1] CAPLER. Rodolfo. O "apagão sexual" da geração Z. Entenda. *Veja* (online).

saber como desenvolver intimidade com a esposa. O resultado é um casal recém-casado sexualmente frustrado.[2]

Se o sexo é bom, por que há tantos casais que já no início do casamento enfrentam problemas nessa área? Muitas vezes a resposta é por causa da ignorância do propósito do sexo.

QUAL É O SIGNIFICADO DO SEXO?

Podemos sugerir pelo menos seis propósitos bíblicos para o sexo.

1. O sexo aponta para o prazer eterno em Deus

O prazer sexual não é um fim em si mesmo. Como vimos no capítulo 9, o propósito do casamento é refletir a imagem de Deus no relacionamento do casal. No casamento, o relacionamento do casal mostra como Deus se relaciona conosco (Efésios 5:31,32). Nesse relacionamento com ele encontramos verdadeiro prazer.

O sexo aponta para essa realidade: o prazer da intimidade com Deus dentro de uma aliança. Certa vez Jesus explicou aos saduceus que na ressurreição para a eternidade não haverá casamento (Mateus 22:23-33). Ou seja, no céu não haverá sexo. Esse fato poderia ser frustrante para alguns. Mas o sexo aponta para o prazer pleno que teremos na intimidade presencial com Cristo. É para isso que o casamento e o sexo apontam (Efésios 5:31,32).

Por isso a prática sexual fora dos padrões divinos é imoral, pois aponta para mentiras. A fornicação, sexo antes do casamento, ou seja, sexo sem aliança, "prega" um prazer sem aliança com Deus. O adultério, prática do sexo fora da aliança matrimonial, aponta para um prazer fora da aliança com Deus. A masturbação, prazer solitário, sem relacionamento, aponta para um prazer sem relacionamento com Deus. A homossexualidade, sexo entre iguais, homem com homem ou mulher com mulher, aponta para um prazer sem diversidade; enquanto o sexo heterossexual, entre diferentes, marido e esposa, aponta para a diversidade do relacionamento Cristo e a igreja, divino e humano (Efésios 5:31-32).

---

[2] MOORE, Russel. Amor falso, guerra falsa: Porque tantos homens estão viciados em pornografia e videogames. *Voltemos ao evangelho* (online).

A Bíblia é bem explícita sobre esse significado. O sexo fora dos padrões e propósitos divinos reflete idolatria e egoísmo. Ezequiel tem dois textos que comparam a idolatria (buscar em outro o que só Deus pode dar) com prostituição (Ezequiel 16 e 23). Tiago, quando exorta seus leitores porque estavam se envolvendo em brigas por causa de desejos egoístas, os chama de adúlteros, pois valorizavam mais seu egoísmo do que a glória de Deus (Tiago 4:1-6).

Quando idolatramos o prazer sexual, estamos crendo que o prazer do sexo é maior do que o prazer em Deus. E nenhum ídolo é capaz de nos satisfazer, mas apenas escraviza e destrói. Vamos ter expectativas sobre o nosso cônjuge que só Deus pode suprir. Isso explica as frustrações e as mágoas.

Qual visão vocês têm do sexo no casamento de vocês? Vocês entendem para onde ele aponta? O prazer na intimidade com Deus é mais importante do que o prazer na intimidade entre vocês dois? Vocês têm colocado o peso da expectativa de que o cônjuge te satisfaça como só Deus pode satisfazer? Entender para onde o sexo aponta é o primeiro passo para um sexo saudável dentro do casamento.

2. O sexo é o auge da intimidade do casal

Vimos que o casamento é fruto de uma decisão de formar uma família (deixar pai e mãe), ter um compromisso de aliança (unir-se à sua mulher) e ter intimidade (tornar-se uma só carne) (Gênesis 2:24). A intimidade é, literalmente, o clímax dessa união. Não é apenas intimidade física, mas também emocional e espiritual. O sexo é o ponto alto dessas intimidades. Quanto mais íntimos emocional e espiritualmente, melhor será a intimidade física. É o ápice do "tornar-se uma só carne".

Gênesis descreve o ato sexual de Adão e Eva pela palavra "conheceu" (Gênesis 4:1). Algumas traduções da Bíblia trazem outras expressões, porém elas perdem a riqueza desse significado. O sexo deveria ser o ápice do conhecimento mútuo do casal.

Como já mencionamos anteriormente, o mundo busca a intimidade física sem o trabalho de desenvolver intimidade em outras áreas, como emocional e espiritual. Isso é usar o outro como um objeto de prazer egoísta (1Tessalonicenses 4:3-6).

Se o sexo é a expressão da intimidade do casal, marido e mulher devem ser intencionais e intensos na intimidade em outras áreas. Por isso que o sexo dentro do casamento é melhor do que o "sexo livre", com qualquer um. No casamento você cresce em intimidade com seu cônjuge à medida que o tempo passa. Já no "sexo livre", onde cada vez você está com uma pessoa diferente, não há como desenvolver intimidade.

Conhecimento físico (fisiológico)
Se sexo é intimidade, então implica em conhecimento. Para se conhecerem, a comunicação será essencial. O marido deve ser claro sobre o que o estimula e o que o desestimula sexualmente. Da mesma forma, a esposa. Um erro comum é o homem achar que a esposa funciona sexualmente igual a ele e vice-versa. Como muitas vezes é divulgado, o homem é como fogão a gás e a mulher, como fogão à lenha. Ele normalmente se excita rapidamente. As mulheres precisam de um preparo emocional antes do físico. Tudo isso é esclarecido com uma conversa aberta e franca sobre o assunto. O casal precisa conhecer como funciona o corpo um do outro.

Você sabe o que estimula o seu cônjuge? Sabe quais são os dias em que ele está menos propenso ao ato sexual? Uma boa notícia é que, quanto mais anos se passam no casamento, mais íntimos vocês ficam e, por consequência, melhor fica o sexo. Mas sempre haverá ajustes e mudanças. Por isso precisam estudar um ao outro nessa área de forma intencional (1Pedro 3:7).

Intimidade emocional
A falta de intimidade emocional traz frustração na vida sexual do casal. Um marido poder ter expectativa por sexo, mas a esposa está preocupada com a saúde dos filhos. Alguém ou ambos sairão frustrados. Uma boa conversa, profunda e intencional, sobre o dia, as lutas, as alegrias, as preocupações, os ajudará a se manterem alinhados. Uma conversa edificante pode terminar em sexo.

Essa área é um desafio para os homens, que tendem a ser mais físicos do que emocionais. Nesse sentido, o marido precisa ser intencional em conhecer sua esposa e deixar-se ser conhecido por ela. Já a esposa, sabendo dessa tendência do marido, deve entender que o sexo muitas vezes facilitará resolverem problemas emocionais. (Cantares 2:16; 1Pedro 3:7). O princípio que resolverá esse impasse é os dois saberem que o sexo é para servir o outro e não a si mesmo. Falaremos disso adiante.

Você conhece emocionalmente seu cônjuge? Sabe quando ele precisa de atenção, conversa e apoio, mais que sexo? Você tem investido em boas conversas com seu cônjuge, para estarem alinhados emocionalmente, ou simplesmente tem expectativas de que ele suprirá seus desejos quando você quiser?

Intimidade espiritual
Já dedicamos um capítulo inteiro demonstrando como a vida espiritual afeta diretamente a intimidade do casal. Quanto mais o casal está alinhado espiritualmente no propósito de honrar a Deus, e por consequência, de servir ao cônjuge, melhor será o sexo.

Você tem buscado apenas sexo com seu cônjuge ou tem investido no crescimento espiritual de vocês dois? Vocês oram regularmente juntos? Estão alinhados no compromisso de servirem a Deus? Você ora pelo seu cônjuge? Você intercede pelo seu relacionamento sexual? Sabe qual é o próximo passo dele para ser mais parecido com Cristo?

3. O sexo existe para celebrar a aliança conjugal
Cada vez que o casal casado se junta em intimidade sexual, eles reafirmam sua exclusividade e fidelidade de "deixar pai e mãe" e "unir-se um ao outro". Diferente de outras alianças que foram sinalizadas através de sacrifícios ou rituais "de uma vez para sempre", o ajuntamento do casal celebra o pacto matrimonial ao longo do casamento. Como veremos adiante, Deus *exige* que essa celebração seja repetida com frequência (1Coríntios 7:1-5), assim como ele *exige* que os renascidos comemorem a morte e a ressurreição de Jesus quando participam da Ceia do Senhor.

Por isso, aberrações sexuais, em que não há nenhuma aliança assumida, defraudam esse propósito do sexo (1Tessalonicenses 4:1-8). Exploram o privilégio do sexo sem a responsabilidade. Falsificam a santidade e a natureza celebrativa da intimidade sexual.

4. O sexo é para o prazer do casal

> Seja bendito o seu manancial, e alegre-se com a mulher da sua mocidade, corça amorosa e gazela graciosa. Que os seios dela saciem você em todo o tempo; embriague-se sempre com as suas carícias (Provérbios 5:18,19).

O sexo e o prazer que ele proporciona foram criados por Deus. O pecado vem e perverte o que o Senhor criou. Como vimos, a intimidade do casal dentro de uma aliança reflete a imagem de Deus. Satanás tem ódio pela imagem de Deus, por isso tem pervertido o sexo. E como há muita perversão do sexo, há religiões que ensinam que o sexo em si é pervertido. Ensinam que é apenas para a procriação e que o casal deve ter intimidade com o cuidado de não cair na tentação do prazer. Na sabedoria popular, alguns afirmam que o fruto proibido que Adão e Eva comeram foi o sexo.

Isso não poderia estar mais errado. Provérbios, livro de sabedoria bíblica, incentiva o prazer sexual dentro do casamento a fim de se proteger da imoralidade sexual (Provérbios 5:18-19). O apóstolo Paulo ensina na mesma linha (1Coríntios 7:2, 9). Há um livro inteiro na Bíblia que ensina sobre o romance, casamento e sexo, de forma explícita, o livro chamado "O Cântico dos Cânticos", também conhecido como "Cantares" ou "Cântico de Salomão". O prazer é um dos propósitos de Deus para o sexo.

Infelizmente, há fatores que complicam o prazer sexual, inclusive o alto índice de abuso sexual na infância, problemas de natureza física e confusão sobre a natureza do sexo. Casais que enfrentam esses problemas devem procurar conselheiros bíblicos e sábios (e, em muitos casos, profissionais da medicina) para lidar com esses problemas.

Vocês têm apreciado o prazer sexual ou lidam com algum sentimento de vergonha ou culpa? A agenda ou as demandas têm sufocado o prazer sexual no casamento de vocês? Estão conscientes de que, se não forem intencionais, priorizando o sexo no casamento, se colocarão em risco (1Coríntios 7:5)?

> O sexo e o prazer que ele proporciona foram criados por Deus. O pecado vem e perverte o que o Senhor criou. Como vimos, a intimidade do casal dentro de uma aliança reflete a imagem de Deus.

5. O sexo é para servir o outro

> Que o marido conceda à esposa o que lhe é devido, e também, de igual modo, a esposa, ao seu marido (1Coríntios 7:3).

O fato do sexo existir para o prazer é uma benção de Deus. O pecado, porém, transforma essa bênção em uma tentação para o egoísmo. Muitos casais sofrem na área sexual porque acham que é um direito exigir que o outro lhe dê prazer (ou se abstenha do prazer). Mas, como somos imagem de Deus, o caráter dele também deve ser expresso no ato sexual. Não devo buscar o meu prazer, mas o prazer do meu cônjuge. Paulo ensina que a preocupação do marido é satisfazer a esposa e vice-versa (1Coríntios 7:3-5). Esse é o "segredo" para a vida sexual satisfatória. Não exigir, mas servir. Quando os dois tiverem essa visão outrocêntrica do sexo, motivados pelo Evangelho, enfrentarão menos problemas.

Nesse sentido, a pornografia tem feito estragos na vida sexual de muitos cristãos. Primeiro porque incentiva o "consumo" do sexo de forma egoísta. Depois porque desperta fantasias sexuais nas quais um usa o outro como objeto, em posições e práticas que diminuem a dignidade do cônjuge. Sexo oral, anal e outras formas de práticas sexuais acabam se tornando motivos de conflitos conjugais.

O que é permitido para o casal casado? A resposta a essa pergunta não é fácil, pois a Bíblia não responde diretamente a essa questão. Porém ela oferece princípios.

Se o sexo é para servir ao outro, se um dos dois não concorda, não deve ser feito. O sexo espelha a imagem de Deus, então, se denegrir a dignidade do outro, deve ser vetado. A Bíblia menciona práticas antinaturais, referindo-se diretamente ao sexo homossexual (Romanos 1:26,27). Porém, podemos seguir o princípio de não utilizar as partes do corpo que não foram preparadas pelo Criador para o sexo. Caso, como casal, tenham o desejo por essas posições, pesquisem quais são as consequências físicas dessas práticas. Há diversas pesquisas médicas sérias sobre o assunto. Se prejudica o corpo de um dos dois, deve ser evitado.

Vocês têm praticado o sexo na intenção de satisfazer o outro ou estão mais preocupados com seus próprios desejos? Vocês concordam com tudo o que é feito na prática sexual entre vocês? Há algo que precisa ser esclarecido em uma conversa aberta e franca?

6. O sexo é para a reprodução da imagem de Deus

Apesar do ensino errado por alguns, de que o sexo é apenas para a reprodução, ela não é o único propósito, mas um dos propósitos. Além do prazer da intimidade do casal, esse prazer acontece no ato que pode gerar outra vida. E isso é maravilhoso. O primeiro mandamento de Deus ao homem e à mulher foi para que eles se multiplicassem, dando à luz novas "imagens e semelhanças" de Deus (Gênesis 1:27).

Provavelmente Deus associou grande poder ao ato sexual justamente porque, se não fosse tão prazeroso, o homem pecador talvez não teria filhos e a humanidade teria terminado em Adão e Eva. Infelizmente temos visto isso acontecer hoje, no mundo. As pessoas têm buscado o privilégio do prazer sexual sem a responsabilidade de gerar filhos. Observamos as nações encolhendo. Conversaremos mais sobre essa questão no capítulo sobre filhos e pets.

O SEXO NÃO É OPCIONAL

Uma vez que entendemos todos esses propósitos para o sexo, principalmente refletir o prazer da intimidade com Deus, seria correto um casal optar por não ter vida sexual ativa?

Há problemas de saúde que podem impedir um casal de praticar sexo. Mas isso só deveria acontecer depois de uma procura diligente pela cura. Ainda assim, provavelmente, um dos dois pode satisfazer sexualmente o outro.

Mas, se os dois, deliberadamente, decidirem não ter sexo, seria como um cristão decidir não ter prazer em Deus. Não faz sentido. Da mesma forma, se o sexo é a expressão física da intimidade do casal, eles poderiam optar por não terem intimidade no casamento? Seria ir contra o último fundamento do casamento que vimos em Gênesis 2:24. Diante disso, podemos afirmar que o sexo não é opcional para o casamento.

CONCLUSÃO

Carlos e Aline precisam entender o significado e a importância do sexo no casamento deles. Não é algo que pode ser negligenciado em nenhuma fase da vida do casal. O trabalho e os estudos não podem ser justificativas para uma vida sexual fria, da mesma forma que nada deve esfriar nosso relacionamento com Deus.

A LIÇÃO PRINCIPAL

O sexo é o prazer da intimidade do casal, que reflete o prazer da intimidade com Deus.

PARA DISCUSSÃO

1. Uma vez que a intimidade física é reflexo da intimidade emocional e espiritual do casal, como você avaliaria a intimidade de vocês nessas áreas: emocional, espiritual e física (sexo)?
2. Quais expectativas erradas você tinha sobre sexo? Quais verdades bíblicas têm corrigido e guiado sua vida nessa área?
3. Há algo sobre sexo que você gostaria de esclarecer ao seu cônjuge, hoje? Qual princípio bíblico pode os nortear nisso?
4. Como o outrocentrismo de Cristo deve afetar a vida íntima do casal?

RECURSOS

- "Apêndice 5: O Propósito de Deus para a Sexualidade", em *Comentário Bíblico Lar, Família e Casamento*, de David Merkh, Hagnos, 2019.
- "O propósito de Deus para o sexo" em *15 lições para transformar seu casamento*, de David e Carol Sue Merkh, Hagnos, 2020.
- "Sexualidade", em *15 lições para fortalecer a família*, de David e Carol Sue Merkh e Ralph e Ruth Reamer, Hagnos, 2020.
- *Cantares para casais*, de David Merkh, Hagnos, 2022.

YOUTUBE – PALAVRA E FAMÍLIA

- Amor, romance, sexo e casamento
https://www.youtube.com/watch?v=wJXMXn94XHs&t=3s

- Playlist: Cantares
https://www.youtube.com/watch?v=wJXMXn94XHs&list=PLw7L4_qOwhO48_xmMzee6hmKOIfXKY99L

15

DAVID MERKH

ATÉ QUE O DINHEIRO NOS SEPARE: TORNANDO-SE UM FINANCEIRAMENTE

"COMO ENTRAMOS nesta?", perguntou o jovem casal sentado no gabinete do Pastor Waldemar. "Não temos mais conversa – não importa qual o assunto, volta e meia estamos discutindo sobre dinheiro! Até mesmo a nossa vida íntima já era. Há esperança para nós, pastor?".

Jairo e Márcia realmente se amavam. Mas estavam a ponto de se separarem depois de menos de três anos de casamento. Como tantos outros casais, ficaram como prisioneiros de guerra dos seus próprios impulsos de "levar agora, pagar depois". Sua desordem financeira se tornou um verdadeiro campo de concentração que estava torturando a vida do lar.

Será que há esperança para Jairo e Márcia e para tantos outros casais que se encontram na mesma situação? Graças a Deus, a resposta é "sim". Deus revela princípios econômicos sábios, equilibrados e que têm sido provados pela experiência de muitos. Esse verdadeiro "Plano Real", encontra-se no livro de sabedoria, Provérbios. Mas prepare-se! Para conseguir liberdade financeira, teremos que nos submeter a princípios bíblicos equilibrados e sábios, mas que muitas vezes vão na contramão do bombardeio materialista e cobiçoso dos nossos dias.

A HISTÓRIA DO SACO FURADO

Todos nós somos vítimas dos ladrões da inflação, desvalorização e crise financeira que nos assaltam diariamente. Mas será que estes bandidos são os mais culpados por nosso desequilíbrio financeiro? Ou será que nossa própria indisciplina tem colocado o maior furo no nosso "saco bancário"? Enquanto há pouco que podemos fazer para melhorar a situação financeira do país, há muitas possibilidades para consertar nosso próprio saco furado.

Provérbios revela os maiores furos que desequilibram as nossas finanças.

1. Cobiça

Se não fosse a natureza humana, cobiçosa e materialista, não haveria nenhum problema com o bombardeio comercial da mídia. Talvez nem existiriam propagandas! O problema principal não está com a mídia. Como um grande estrategista militar declarou: "Nós encontramos o inimigo, e ele somos nós!". A natureza do homem leva-o a desejar cada vez mais coisas, sem nunca ficar realmente satisfeito.

Provérbios diz: "O mundo dos mortos e o abismo nunca se fartam, e os olhos do ser humano nunca se satisfazem" (27:20). "O ganancioso corre atrás das riquezas, mas não sabe que a pobreza há de vir sobre ele" (28:22).

2. Dívida

"Leve agora, pague depois!". "Você merece o melhor!". "Cinco suaves prestações!". "Satisfação garantida ou seu dinheiro de volta!". Esses lances já feriram inúmeros lares. Outros foram destruídos pela dívida. E aqueles que não são feridos ou mortos, acabam sendo levados como prisioneiros de guerra, verdadeiros escravos da sua indisciplina financeira.

Qualquer empréstimo que comprometa as finanças do lar leva à escravidão: "O rico domina sobre o pobre, e o que pede emprestado é servo de quem empresta" (Provérbios 22:7).

A dívida é uma tesoura que rasga o saco financeiro. A sociedade nos seduz para cairmos nestas armadilhas: Cartões de crédito, cheques especiais, pagamentos parcelados (com ou sem juros) e muitas outras. Não que o uso desses constitua, necessariamente, um pecado. O perigo é gastar agora o que se pretende ganhar amanhã.

A dívida é uma tesoura que rasga o saco financeiro. A sociedade nos seduz para cairmos nestas armadilhas: Cartões de crédito, cheques especiais, pagamentos parcelados (com ou sem juros) e muitas outras. [...] O perigo é gastar agora o que se pretende ganhar amanhã.

"Dívida" na Palavra de Deus não significa tomar emprestado.[1] "Dívida", em termos bíblicos, significa não pagar a conta conforme combinado. Romanos 13:7,8 diz,

> Paguem a todos o que lhes é devido: a quem tributo, tributo; a quem imposto, imposto; a quem respeito, respeito; a quem honra, honra. Não fiquem devendo nada a ninguém, exceto o amor de uns para com os outros. Pois quem ama o próximo cumpre a lei.

Há ocasiões em que faz sentido ter uma "dívida" de pagamentos parcelados, desde que já tenhamos os meios para acertar a conta. Algumas compras de bens, que normalmente valorizam com o tempo, também fogem da recomendação de fugir de dívida, pois o próprio bem sempre pode ser devolvido ou vendido para pagar a dívida.

Mesmo assim, há uma linha muito fina entre "fé" (que teremos os recursos para pagar as prestações no futuro) e presunção. Muitos compram usando seu limite no cartão de crédito "pela fé" de que terão as condições necessárias para pagar, quando, de fato, presumem que Deus dará os recursos para satisfazer a cobiça deles. Talvez tenhamos que mudar o foco e dizer que viver pela fé significa acreditar que Deus é capaz de satisfazer o casal com aquilo que já tem, não com o que deseja adquirir. Se o casal enfrentar dificuldades para controlar os gastos além do que possui, ao primeiro sinal de problema, deve, imediatamente, cortar todos os gastos feitos por meio de crédito.

De acordo com Provérbios, pior do que a dívida pessoal é a fiança, que constitui uma espécie de dívida terceirizada. O fiador se compromete pela dívida de terceiros, como, por exemplo, na compra ou no aluguel de um apartamento. Provérbios diz: "Não esteja entre os que se comprometem e ficam por fiadores de dívidas, pois, se você não tiver com que pagar, vão acabar lhe tirando até mesmo a cama

---

[1] Se tomar emprestado fosse pecaminoso, então emprestar para alguém significaria tornar-se cúmplice em seu pecado. Mas Deus exige que emprestemos para pessoas realmente necessitadas (veja Lucas 6:34,35; Êxodo 22:25).

em que costuma se deitar!" (22:26,27). Uma exceção seria quando a fiança funciona como se fosse uma doação. Por exemplo, se um pai se comprometer como fiador na compra de um imóvel do filho, e tiver os meios para pagar a fiança, caso fosse necessário, sem ferir o relacionamento, então a fiança funciona como se fosse uma doação, algo que Deus encoraja. Caso contrário, todos devem fugir da fiança.

3. Vícios

Quando pensamos em vícios, imaginamos bebida alcoólica, jogos, drogas ou cigarro e, sem dúvida, esses causam muita miséria.

Mas outros vícios mais "inocentes" são como traças que sutilmente comem a bolsa familiar. Refeições fora, compras indevidas, o desejo do mais novo modelo de smartphone, visitas à sorveteria, salgadinhos e refrigerantes, cinema, videogames e viagens desnecessárias podem sugar a vitalidade do orçamento familiar. Provérbios diz: "Quem ama os prazeres acabará na pobreza; quem ama o vinho e a boa vida nunca ficará rico (21:17).

4. Especulação

Outro passo em direção à miséria, conforme Provérbios, é a especulação financeira. "O que lavra a sua terra terá pão em abundância, mas quem corre atrás de coisas sem valor não tem juízo" (12:11). "Os planos de quem é esforçado conduzem à fartura, mas a pressa excessiva leva à pobreza" (21:5). "O ganancioso corre atrás das riquezas, mas não sabe que a pobreza há de vir sobre ele" (28:22). O desejo de ficar rico sem muito esforço leva muitos à especulação. Historicamente, os efeitos coletivos para a sociedade são desastrosos.

Há muitas formas de especulação: jogos, loteria, raspadinhas, apostas esportivas, investimento agressivo em ações especulativas na bolsa de valores, o câmbio de moedas estrangeiras, moedas virtuais e mais. Poucas pessoas possuem a segurança financeira para poder se arriscar nesses negócios sem romper seu próprio bolso econômico em momentos inevitáveis de altos e baixos. O caminho sábio, conforme Provérbios, é mais conservador e muito melhor para a economia: trabalhar e poupar!

5. Desperdício

Um outro buraco negro no orçamento é o desperdício, ou seja, a falta de cuidado e mordomia dos bens. Provérbios aconselha: "Procure conhecer o estado das suas ovelhas e cuide dos seus rebanhos, porque as riquezas não duram para sempre, nem a coroa, de geração em geração" (Provérbios 27:23,24). Em outras palavras, cuide do que tem, ou você pode perdê-lo!

Em nossos dias talvez signifique consertar um cano furado antes que estrague a parede; apagar as luzes quando sai da sala; trocar o óleo e os filtros do motor do carro; manter sua saúde pelo exercício físico e pelo sono suficiente; comer as sobras das refeições e não jogar fora; planejar bem as compras para não ter que fazer múltiplas viagens ao supermercado; tomar banhos mais breves (mas eficientes!); comparar os preços de produtos, optar por "genéricos" e evitar marcas mais caras; ficar de olho em liquidações e ofertas especiais. O saco se rasga quando desperdiçamos o que Deus nos confiou e quando tentamos viver além dos nossos bens.

6. Egoísmo e mesquinhez

Parece um paradoxo, mas Provérbios deixa claro que saímos perdendo quando nos agarramos em nossos bens e ganhamos quando abrimos mão deles e contribuímos para outros.

Em primeiro lugar, reconhecemos que tudo o que temos vem da boa mão do Senhor em nossas vidas (Provérbios 3:5,6). Por isso, honramos ao Senhor com as primícias de toda a nossa renda (3:9,10). O egoísta esquece da soberana atuação de Deus em suas finanças. O pouco que ele tem cai pelos buracos.

Em segundo lugar, o justo procura informar-se sobre as necessidades de pessoas carentes ao seu redor e faz tudo o que pode para socorrê-las. "Uns dão com generosidade e têm cada vez mais; outros retêm mais do que é justo e acabam na pobreza" (Provérbios 11:24). "Quem dá aos pobres não passará necessidade, mas o que fecha os olhos para eles será coberto de maldições" (Provérbios 28:27). Na economia divina, egoísmo e mesquinhez põem um grande furo no saco!

Se olharmos bem para essas ameaças para o orçamento familiar – cobiça, vícios, especulação, dívida, desperdício e egoísmo – vamos

O justo procura informar-se sobre as necessidades de pessoas carentes ao seu redor e faz tudo o que pode para socorrê-las.

descobrir que todas têm o "eu" no centro. O que mais precisamos para uma vida financeira bem-sucedida aos olhos de Deus é a vida outrocêntrica de Jesus sendo vivida em nossas vidas. Ele deseja viver essa vida em e através de nós. Quando usamos nossas finanças mais para abençoar do que para sermos abençoados, refletimos a vida de Cristo em nós (Gálatas 2:20). Esse investimento nunca será desvalorizado, pois tem um galardão eterno (Mateus 6:19-21).

SUGESTÕES PRÁTICAS

Vamos terminar com mais algumas sugestões práticas que poderiam ser úteis para casais como Jairo e Márcia:

- Zelar pela comunicação e transparência entre o casal.
- Definir um dia (semanal, quinzenal ou mensal) para o casal se reunir a sós, em um ambiente tranquilo e sem distrações, para revisar suas finanças. Isso assegura que ambos estejam alinhados sobre os compromissos financeiros e os objetivos de suas economias.
- Assegurar que ambos tenham acesso às informações da conta. Não deve haver ocultação de dinheiro ou de gastos.
- Avaliar criticamente a propaganda e outros comerciais que encontram na praça. Fazer algumas perguntas chaves: "É verdade?"; "Realmente precisamos disso agora?"; "É o melhor produto no mercado?"; "Estamos sendo enganados?".
- Concordar em não fazer nenhuma compra acima de um determinado valor sem pelo menos uma semana de reflexão, conversa e oração juntos.
- Decidir não fazer nenhuma compra sem primeiro comparar o mesmo produto em pelo menos dois outros lugares.
- Procurar produtos comuns ou genéricos, que muitas vezes custam metade do valor do produto com marca de grife.
- Pleitear descontos por pagamento à vista.
- Estabelecer um orçamento familiar que identifique as saídas mensais e que permita compras especiais ocasionais e planejadas (Provérbios 21:5). Sugerimos que o casal analise todos os

seus gastos durante três meses, para descobrir os "furos no saco" do orçamento familiar.
- Avaliar muito bem todo tipo de pagamento parcelado, com ou sem juros. Mesmo as prestações sem juros têm seu preço. Provavelmente você conseguirá o mesmo produto mais barato em outro lugar, pagando à vista.
- Cultivar uma atmosfera de gratidão no lar e contentamento pelo que tem. Promover cultos de consagração quando Deus supre uma necessidade ou permite uma compra especial.
- Desenvolver alvos missionários e filantrópicos como família (Provérbios 3:9,10; 11:24, 26; 19:17). Uma dose sadia da realidade em que muitos vivem fará muito para diluir a sua cobiça!

O remédio prescrito pelo Pastor Waldemar para Jairo e Márcia foi radical – mas foi a melhor maneira de salvar o casamento: guardar os cartões de crédito, fazer um orçamento tipo "vacas magras" e aplicar cada centavo que sobrava mensalmente na redução da dívida familiar. Além disso precisavam mudar seus hábitos de consumo. Mas o resultado valeu a pena. Depois de dois anos o casal havia derrotado o inimigo da desordem financeira. Pela primeira vez no seu casamento, experimentavam a liberdade de não serem prisioneiros de dívida. Inclusive, já haviam encomendado um bebê – à vista, é claro!

A LIÇÃO PRINCIPAL

Somente o contentamento em Cristo nos permite viver uma vida financeira sábia e equilibrada.

PARA DISCUSSÃO

1. Quais as maiores tentações que vocês enfrentam como casal, que ameaçam furar o saco financeiro familiar?
2. Quais as raízes que muitas vezes causam dificuldade financeira no contexto conjugal? (Veja 1 Timóteo 6:10).
3. Das sugestões práticas deste capítulo, quais vocês já praticam? Das outras, selecione duas que seriam mais viáveis para seu orçamento familiar.
4. Há outros conselhos práticos que você daria para um casal como Jairo e Márcia? Quais?

RECURSOS

- "Descontrole financeiro", em *15 lições para fortalecer a família*, de David e Carol Sue Merkh e Ralph e Ruth Reamer, Hagnos, 2020.
- "Equilíbrio financeiro" em *15 lições para transformar seu casamento*, de David e Carol Sue Merkh, Hagnos, 2020.

YOUTUBE – PALAVRA E FAMÍLIA

- O saco furado: Gestão financeira no lar
  https://www.youtube.com/watch?v=wKDx4zzPyQ8

- Dicas práticas para gestão financeira no lar
  https://www.youtube.com/watch?v=tAdnYQUZSwU&t=568s

- Planejamento financeiro no lar
  https://www.youtube.com/watch?v=93uaYWMoLVw

- Descontrole financeiro
  https://www.youtube.com/watch?v=-zsMiR8GjqU&t=642s

- O seminário bíblico do lar cristão: Disciplina e finanças
  https://www.youtube.com/watch?v=GJdFvV_9gzI

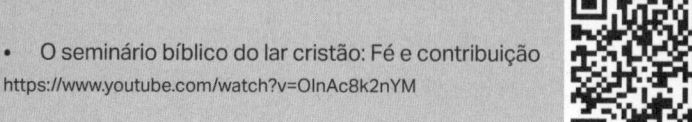

- O seminário bíblico do lar cristão: Fé e contribuição
  https://www.youtube.com/watch?v=OlnAc8k2nYM

16

RICARDO LIBANEO

"SOGRA" NÃO É PALAVRÃO: TORNANDO-SE UM DIANTE DOS PARENTES

JÚLIO E KÁTIA são casados há dois anos. Antes do casamento, eles já tiveram problemas com os pais dele. Sempre davam conselhos em tudo o que o casal fazia e ficavam sentidos quando esses conselhos não eram seguidos. No casamento não quiseram entrar com o filho na cerimônia, pois as flores da decoração foram escolhidas pela mãe da Kátia, e não foram as que eles escolheriam. No primeiro ano de casamento, foram várias as visitas surpresas que os pais de Júlio fizeram, geralmente em horas inconvenientes. E sempre achavam defeitos na Kátia – sua comida, a arrumação da casa, a demora em dar-lhes um neto.

Para complicar a situação, não muito mais tempo depois, a mãe de Kátia, viúva, desenvolveu um Alzheimer precoce. Tudo indica que ela precisará morar com eles. A tensão entre Júlio e Kátia só aumenta diante desses desafios. O casal fica a questionar: como "honrar os pais" e "deixar pai e mãe" ao mesmo tempo?

PARA SEMPRE "FILHINHOS DOS PAPAIS"

Conflitos com os pais são um problema comum no casamento. Praticamente todos os casais passam por isso, em maior ou menor grau.

Primeiro, porque em relacionamentos entre pecadores (pais e filhos), haverá pecado.

Segundo, porque "deixar pai e mãe" é uma ruptura de um relacionamento profundo e duradouro. Eu estou no meu décimo oitavo ano de casamento. Ainda faltam cinco anos para "empatar" o tempo que passei com meus pais com o tempo que estou com minha esposa. Ou seja, não é uma ruptura fácil.

Terceiro, muitas vezes não nos preparamos para isso. Planejamos a cerimônia do casamento e a recepção, nos preparamos para assumir nossos papéis no lar e até para nos adaptarmos aos hábitos do nosso cônjuge. Porém, são poucos os pais e filhos que têm um preparo intencional para essa mudança de relacionamento.

Por último, para os pais, os filhos sempre serão os seus filhinhos. E saber mudar a forma de tratamento nem sempre é fácil. Como resultado, filhos e pais podem ficar frustrados.

Como filhos casados devem lidar com seus pais? Vamos focar no relacionamento com os pais, porém, os princípios se aplicam a qualquer parente ou amigo mais próximo.

O PADRÃO: DEIXAR PAI E MÃE

Temos repetidamente voltado para Gênesis 2:24 neste livro porque nesse texto está o padrão bíblico para o casamento. Nele vemos que o primeiro fundamento do matrimônio é a formação de uma nova família, onde o homem deixa pai e mãe. Para se casar, o homem deve deixar o relacionamento com os pais. O princípio é tão importante que é repetido três vezes no Novo Testamento, sempre no contexto em que a unidade do casamento está sendo ensinada (Mateus 19:5, Marcos 10:7, Efésios 5:31).

Alguns pais tentam constranger os filhos casados, alegando que o filho é seu sangue, enquanto o relacionamento com o cônjuge não é sanguíneo. Mas, à luz de Gênesis 2:24, podemos afirmar que o novo DNA matrimonial é mais forte que o próprio DNA biológico que une pais e filhos. À luz do ensinamento bíblico, é um equívoco os pais de filhos casados apelarem ao relacionamento sanguíneo como fator motivacional de obediência desses filhos a eles.

Isso não quer dizer que os filhos deixam de ser filhos quando se casam ou que podem tratar os pais como estranhos. Não. Os filhos continuam sendo filhos e por isso devem continuar obedecendo o mandamento de honrar pai e mãe (Efésios 6:2). Vamos falar mais sobre isso adiante.

Porém, o relacionamento mais importante não é mais com os pais, mas com o cônjuge. Se não for assim, o casamento estará em perigo

> Para se casar, o homem deve deixar o relacionamento com os pais. O princípio é tão importante que é repetido três vezes no Novo Testamento.

constante. O casal precisa ter essa convicção e seus pais precisam entender bem seu papel à luz das Escrituras. Haverá casos em que o filho ou a filha tenha uma tendência de valorizar mais os pais do que o cônjuge. Nesses momentos, essa visão precisa ser corrigida. O alvo do casal é proteger o relacionamento deles em primeiro lugar, pois esse é o padrão bíblico. Eles precisam ser um, unidos em convicção bíblica, ao lidarem com os pais.

Nesse sentido, vale a pena aumentar o espectro do perigo. O padrão bíblico não se aplica apenas ao relacionamento com os pais, mas a qualquer outro relacionamento. Filhos, amigos, hobbies, estudo, trabalho e até ministérios na igreja não devem atrapalhar o relacionamento entre marido e esposa.

Vocês têm essa convicção de que o relacionamento de vocês é mais importante do que o relacionamento com seus pais? Você sente que seu cônjuge tem priorizado o relacionamento de vocês? Há algum outro relacionamento que tem sido uma ameaça à integridade da sua união: pais, sogros, filhos, amigos, cursos, carreira, esportes, academia etc.? O que precisam fazer para consertar isso?

O QUE É "DEIXAR PAI E MÃE"?

Outra dificuldade que pode causar conflitos com os pais é a confusão sobre o que envolve "deixar pai e mãe". Podemos morar com nossos pais? E se for temporário? Podemos aceitar ajuda financeira deles? E trabalhar na empresa dos pais? Podemos buscar conselhos com eles sobre conflitos no nosso casamento? E se meus pais falarem mal do meu cônjuge?

Essas e outras perguntas são boas e práticas. O princípio que ajuda a responder a todas elas é: qualquer prática que diminua os laços matrimoniais é inimiga do casamento. Esse deve ser o filtro para saber o que pode ou não pode.

Um casal pode morar com seus pais sem que eles interfiram no relacionamento conjugal? Talvez seja possível, mas seria extremamente raro e para ser realmente evitado. Sabemos que pode haver exceções em casos especiais, como por exemplo, uma gravidez de risco, um acidente, uma crise financeira inesperada. Mesmo assim, na medida do possível e a bem do casamento, precisa ser temporário e bem conversado entre os cônjuges e com os pais que vão recebê-los. Uma comunicação aberta e piedosa, onde tudo é combinado com antecedência, é sábia e pode prevenir problemas.

Nas questões levantadas acima, compartilhar conflitos do casal com os pais, mesmo que seja para buscar conselhos, não é sábio. Geralmente os pais serão parciais, tomando partido do filho, mesmo que não queiram. E enquanto os pais perdoam os próprios filhos com uma certa facilidade, perdoar o genro ou a nora talvez seja bem mais difícil. Mesmo que seja possível uma imparcialidade, o cônjuge ficará em uma posição constrangedora. O ideal é buscar conselhos com outro casal piedoso e maduro. Não envolva os pais em conflitos matrimoniais.

E caso um dos pais fale mal do cônjuge, ele precisa ser exortado em amor pelo filho, incentivando a comunicação bíblica (Mateus 18:15-17). Seu cônjuge deve sentir segurança de que você jamais o trairá alimentando fofocas com seus pais.

Há alguma prática no relacionamento com seus pais ou com outros que tem diminuído os laços matrimoniais entre vocês? O que precisa ser feito?

DIFICULDADES EM "DEIXAR PAI E MÃE"

> Quem tem medo dos outros cai numa armadilha, mas o que confia no Senhor está seguro (Provérbios 29:25).

Uma das dificuldades que um dos cônjuges pode enfrentar para aplicar o princípio de deixar pai e mãe é o temor de homens (ou aos pais!). Se um filho temer magoar seus pais por fazer aquilo que é certo, de acordo com Provérbios, ele cairá em armadilhas e será manipulado pelo pecado dos seus pais, sendo levado a pecar contra seu cônjuge. Nunca estará seguro, pois sempre temerá a opinião dos pais.

Alguns pais podem utilizar frases, que são chantagens emocionais, para obter a prioridade do filho: "Desde que se casou, nunca mais passou tempo com a gente". "Sua mãe está doente de saudade". "Se vocês se mudarem para longe, nós vamos morrer". "Vocês precisam honrar pai e mãe". Esse tipo de atitude deve ser tratado com amor e compaixão, mas com firmeza, sabendo que a posição de priorizar o cônjuge não é uma decisão pessoal e egoísta, mas uma obediência ao princípio bíblico. A confiança no Senhor e em sua Palavra traz segurança.

Quando Jesus estava ensinando sobre o compromisso com o Evangelho, ele ensinou que muitos conflitos familiares surgiriam por causa desse compromisso. Nesse sentido, Cristo ensina que devemos amar mais a ele do que aos pais. Se temermos aborrecer nossos pais por causa do compromisso com Jesus, não somos dignos de segui-lo. E em uma expressão parecida com Provérbios, se quisermos salvar nossas vidas temendo a homens, vamos perdê-la (Mateus 10:34-39; Lucas 16:26-27). Por isso não devemos temer magoar nossos pais se for por causa de um compromisso com a Palavra de Deus sobre o casamento.

Você teme mais magoar seus pais ou a Deus? De alguma forma o temor aos homens tem afetado o seu casamento? Amem a Deus, priorizem o cônjuge.

MAS, E O "HONRAR PAI E MÃE"?

> "Honre o seu pai e a sua mãe", que é o primeiro mandamento com promessa, "para que tudo corra bem com você, e você tenha uma longa vida sobre a terra" (Efésios 6:2-3).

Até aqui temos focado nos problemas do relacionamento com os pais. Porém, se investimos no que é positivo, provavelmente evitaremos o negativo. A ordem de honrar pai e mãe nunca acaba para um filho. Honrar é demonstrar a importância que a pessoa tem. Então o casal deve ser intencional em honrar seus pais.

Já falamos sobre a tendência que temos de nos isolar dos amigos e da igreja depois que nos casamos. Isso também é um perigo no relacionamento com os pais. Usando o texto de forma errada, podemos "deixar pai e mãe" por motivos egoístas. Não podemos permitir que os problemas que são comuns em qualquer relacionamento nos levem a desonrar nossos pais (Provérbios 30:11).

Honre seus pais buscando seus conselhos antes de tomarem decisões (Provérbios 23:22). Considerem o que eles dizem antes de rejeitar um conselho. Peça para que eles orem por vocês. Aproveitem o Dia dos Pais ou o Dia das Mães para se dedicarem a eles. Procurem estar juntos no aniversário deles. Planejem atividades e viagens juntos. Nunca percam oportunidades de demonstrar gratidão por eles. Se morarem longe, marque um dia e um horário semanal para se telefonarem. Seja paciente com seus pais no processo de "deixar pai e mãe", pois a adaptação não é fácil para quem ficou com o ninho vazio. Orem constantemente por sua mãe e seu pai.

Vai ser mais natural o filho praticar esse princípio com os pais do que o genro/nora com os sogros. Mas lembrem-se, vocês agora são "um". Devem demonstrar essa honra como casal. Vocês têm honrado seus pais como casal? Há, da parte de vocês, alguma prática que precisa ser mudada para obedecerem ao "honre pai e mãe"?

HONRE SOGRO E SOGRA

Na cultura popular brasileira, o relacionamento com os sogros é sempre difícil. Vemos isso no número de piadas de sogra que existem. Em uma família cristã, isso não deveria aparecer nem de brincadeira.

O relacionamento com os sogros pode ser difícil, principalmente por causa de expectativas. Os sogros têm uma expectativa de como você os deveria tratar e de como deveria tratar o filho(a) deles. E você tem expectativas de como eles deveriam tratá-lo e de como eles deveriam tratar o filho(a) deles, uma vez que agora ele(a) é seu cônjuge. Quando essas expectativas são frustradas, os conflitos aparecem (Tiago 4:1). Porém, se tivermos a expectativa de honrar a Deus nos relacionamentos, seremos capacitados a honrar nossos sogros (Efésios 4:1-3).

Você tem algum conflito com seus sogros? Há algum desejo egoísta em você, que se tornou um pecado, que tem causado esse conflito? Existe alguma expectativa pecaminosa? Você deseja mais que seus sogros sejam como você quer, ou deseja mais a glória de Deus? Como você pode honrar a Deus nesse relacionamento com seus sogros?

Honre seus sogros tratando-os com a mesma honra com que deve tratar seus pais. Seja intencional em desenvolver amizade com eles, afinal, são sua família. Ouça o conselho dos seus sogros; nem sempre a intenção é interferir no casamento de vocês, mas porque se interessam no bem-estar de vocês. Ouçam todo conselho e sejam gratos, depois decidam como casal se seguirão ou não. Procure pontos positivos nos seus sogros, não foque nos negativos (1Coríntios 13:7; Filipenses 4:8). Aceite seus sogros como eles são. Provavelmente eles também gostariam de fazer algumas mudanças em você. Seja paciente com seus sogros no processo de "deixar pai e mãe"; essa adaptação é gradual. Lembre-se que um dia, provavelmente, vocês serão sogros (Lucas 6:31).

Seus sogros se sentem honrados? Você crê que Deus é soberano para lhe dar os sogros que ele quer usar para moldar a sua vida e que ele quer usar você para moldar a vida dos seus sogros (Romano 8:28,29)?

CUIDANDO DOS PAIS IDOSOS

> Se alguém não tem cuidado dos seus e, especialmente, dos da própria casa, esse negou a fé e é pior do que o descrente (1Timóteo 5:8).

Algo que poucos pensam no começo do casamento é sobre a possibilidade de ter que cuidar dos pais quando eles se tornarem idosos. Porém, essa é uma realidade que praticamente toda família passará. Refletir sobre isso desde cedo pode deixar o casal mais preparado.

Primeiro, é necessário estabelecer que o padrão bíblico é que os filhos cuidem dos seus pais idosos. Jesus deixou o exemplo quando ele mesmo providenciou o cuidado de sua mãe quando estava prestes a morrer na cruz (João 19:26;27). Paulo orienta que a igreja não deve se sobrecarregar no cuidado de viúvas que tenham família para cumprir esse papel, pois cuidar dos seus é coerente com o Evangelho (1Timóteo 5:3-16).

Segundo, não podemos ignorar a dificuldade que é cuidar de um idoso. Diferente de cuidar de uma criança, que se desenvolve e logo se torna autônoma, um idoso não se desenvolve, pelo contrário, torna-se cada vez mais dependente, até a morte. Isso faz com que o filho precise dedicar cada vez mais tempo e recursos, sem a perspectiva de melhora. Porém, isso é uma das melhores maneiras de demonstrar o amor do Evangelho: Sacrifício por quem não pode retribuir (Lucas 6:31-36,

1João 4:19). Por isso, prepare-se para um período em que Deus irá trabalhar na sua vida através do cuidado com os seus pais.

Até lá, conversem como casal sobre o tema. Um dos maiores problemas nessa fase é como o cuidado de pais idosos pode afetar o casamento, especialmente quando um dos cônjuges fica incomodado com isso. Conversar sobre esse período, antes que ele chegue, pode ajudá-los a pensar no melhor caminho para os dois. Conversem e acompanhem pessoas que estão passando por esse período, para entenderem como é essa realidade. Converse com seus pais para entender a expectativa deles sobre o tema.

Vocês já pensaram sobre o momento em que precisarão cuidar dos pais de vocês? Há um consenso sobre o que farão?

CONCLUSÃO

O relacionamento marido e esposa é mais importante que qualquer outro relacionamento, até mesmo com os pais. Júlio e Kátia precisam focar no casamento deles, lidando com os conflitos com os pais dele e a necessidade da mãe dela de forma unida, motivados pela glória de Deus, tendo atitudes que evidenciam o Evangelho. Preservar a integridade do seu relacionamento ao mesmo tempo em que honram seus progenitores nem sempre será fácil, mas será uma maneira prática de glorificar a Deus em seu lar.

A LIÇÃO PRINCIPAL

No relacionamento com os parentes, o casal deve agir com amor e graça, sempre priorizando o cuidado do relacionamento marido e esposa.

PARA DISCUSSÃO

1. Vocês já experimentaram áreas de conflito no relacionamento com os pais de um ou de ambos, ou com algum parente? Como lidaram com isso? O que aprenderam?

2. Quais os limites em termos de aceitar a ajuda dos pais nos primeiros anos do casamento (pense em termos de moradia, ajuda financeira, pagamento da faculdade, cuidado de filhos pequenos etc.)?

3. Quais seriam maneiras práticas que poderiam utilizar para demonstrar honra aos seus progenitores?

4. Por que é sempre mais sábio o filho (ou a filha) confrontar seus próprios pais, e não o genro ou a nora? Há exceções a esse princípio?

RECURSOS

- "Lidando com parentes" em *15 lições para fortalecer a família*, de David e Carol Sue Merkh e Ralph e Ruth Reamer, Hagnos, 2020.
- *O legado dos avós*, de David Merkh e Mary-Ann Cox, Hagnos, 2011.
- *Entre pais e filhos: lutando com a transição para a vida adulta*, de Elyse Fitzpatrick e Jim Newheiser, Fiel, 2018.

YOUTUBE – PALAVRA E FAMÍLIA

- Lidando com a sogra
  https://www.youtube.com/watch?v=6ELO7mP0kC8

- Avós que ajudam ou atrapalham
  https://www.youtube.com/watch?v=MAyvPTliGc4

- Socorro! Meus sogros estão em casa
  https://www.youtube.com/watch?v=XWigmC-YoGc&t=14s

- Mães e filhas, sogras e noras
  https://www.youtube.com/watch?v=RtDW5V_KzdA&t=172s

17

RICARDO LIBANEO

1+1>2:
TORNANDO-SE UM MINISTERIALMENTE

BRUNO E JANAÍNA se conhecem desde os 10 anos de idade. Eles frequentaram a mesma igreja durante todo esse período. Mas foi na juventude, em uma viagem missionária a uma tribo indígena que um chamou a atenção do outro. Ela viu como ele era dedicado ao serviço e capacitado no ensino e na pregação. Ele viu como ela tinha jeito com as crianças e no discipulado com as moças. Logo começaram a conversar sobre suas paixões ministeriais. A igreja vibrava com o relacionamento dos dois, pois, juntos, eram uma benção ainda maior no Reino. Eles se casaram e se tornaram uma das famílias mais ativas na igreja. No caso deles, a fórmula 1 + 1 > 2 (um mais um é maior que dois) torna-se exata.

UMA TENTAÇÃO PARA CASAIS NOVOS

Algo comum entre os jovens é que, ao começarem a namorar, se afastam dos amigos e dos ministérios. O namoro é tão bom que o casal não quer dividir o tempo com mais nada. Mas os amigos sentem e a igreja também sente. O noivado é outro período que pressiona os dois ao isolamento. São tantos preparativos para a cerimônia de casamento, que amizades e ministérios também são colocados de lado. Após o casamento, o casal está distante dos amigos e já não tem tanto fervor ministerial. E mesmo aqueles que se mantiveram ativos até se casarem têm uma tendência de se afastarem da igreja depois do matrimônio.

Começamos este livro mostrando que os primeiros anos do casamento precisam ser vividos intencionalmente para construir uma boa base para os anos que virão. Mostramos como Deuteronômio 24:5 ensina sobre não assumir compromissos demais no primeiro ano, para se dedicar à nova família. Mas existe um outro extremo, que seria abandonar todos os compromissos com a igreja para se dedicar ao casamento. Há necessidade de equilíbrio dentro do propósito pelo qual Deus fez o casamento.

NÃO HÁ VIDA FORA DO CORPO

> Não deixemos de nos congregar, como é costume de alguns. Pelo contrário, façamos admoestações, ainda mais agora que vocês veem que o Dia se aproxima (Hebreus 10:25).

Uma vez, uma jovem que não era tão comprometida com a igreja me perguntou, em tom de desafio: "Não há vida fora da igreja?". Existem diversas metáforas para a igreja na Bíblia. Uma delas é o corpo de Cristo (1Coríntios 12:12-27). Se a utilizarmos na pergunta da jovem, ela se tornaria retórica: "Há vida fora do Corpo?". O que acontece se arrancarmos qualquer parte do nosso corpo fora? Essa parte arrancada morreria. Então não, não há vida fora do corpo de Cristo. Poderíamos fazer a mesma pergunta utilizando outras metáforas bíblicas para a igreja: "Há pedras úteis se foram deixadas fora do edifício?" (1Pedro 2:5). "O galho sobrevive uma vez cortado da árvore?". "Há esperança fora do povo, da família, do santuário, da casa de Deus?" (Efésios 2:11-22).

A Bíblia deixa claro que a vida espiritual do casal depende do envolvimento na igreja. Infelizmente já acompanhei a história de casais novos que se afastaram do corpo de Cristo no início do casamento e foram se esfriando espiritualmente. Viagens, shows, dormir até mais tarde de domingo – tudo era motivo para eles se distanciarem da igreja. Nas poucas vezes que apareciam nos cultos, por estarem afastados, sentiam-se deslocados dos antigos amigos, o que os desanimava a voltarem outras vezes. Logo já tinham desenvolvido uma amargura com a igreja, além de convicções não bíblicas. Eles só voltavam quando as crises familiares chegavam – e elas chegam, mais cedo ou mais tarde. Mas a volta não é fácil, pois, para pedir ajuda, é preciso quebrar o orgulho e reconhecer que erraram. Infelizmente grande parte não dá esse passo.

O texto de Hebreus 10:25, mencionado acima, está em uma carta de exortação a um grupo de cristãos que estava se afastando da igreja e do evangelho verdadeiro. No início da carta o autor dá um alerta:

> Tenham cuidado, irmãos, para que nenhum de vocês tenha um coração mau e descrente, que se afaste do Deus vivo. Pelo contrário, animem uns aos outros todos os dias, durante o tempo que se chama "hoje", a fim de que nenhum de vocês seja endurecido pelo engano do pecado (Hebreus 3:12,13).

O perigo da incredulidade é afastado quando o casal se envolve em uma comunhão edificante com a igreja. Nos dias de desânimo, serão animados pelos irmãos em Cristo. E o próprio casal é usado por Deus para animar irmãos desanimados. Essa é a dinâmica da igreja.

Vocês entendem a importância do envolvimento na igreja para a vida espiritual da família? A frequência nos cultos será uma prioridade no casamento de vocês? Lembremos que o desequilíbrio nesse início de vida matrimonial em relação à igreja pode cair para um de dois lados: assumir compromissos demais na igreja que sufocam o casamento (Deuteronômio 24:5) ou afastar-se da vida da igreja, o que é altamente perigoso (Hebreus 10:25).

O PERIGO DE SER UM "ESQUENTA BANCO"

> (...) Cristo, de quem todo o corpo, bem-ajustado e consolidado pelo auxílio de todas as juntas, segundo a justa cooperação de cada parte, efetua o seu próprio crescimento para a edificação de si mesmo em amor (Efésios 4:15,16).

Mas apenas frequentar a igreja não é suficiente. É possível você participar de cultos por décadas e mesmo assim não experimentar transformação em sua vida e na vida de sua família. A Bíblia mostra que é necessário se envolver ministerialmente na igreja para experimentar e promover crescimento. Vamos usar a carta de Efésios para demonstrar esse princípio.

No início da carta, Paulo mostra o propósito de sermos abençoados com a salvação. A Trindade agiu em prol da nossa redenção para o "louvor da sua glória" (Efésios 1:6,12,14). Recebemos vida em Jesus para que as riquezas da graça de Deus se tornem conhecidas por todas as eras (Efésios 2:7). E isso acontece no contexto dos relacionamentos na igreja, onde as várias formas da sabedoria de Deus ficam evidentes para os seres espirituais (Efésios 3:10). Como casal, somos chamados a viver de forma a trazer reconhecimento e louvor a Deus pelo que ele fez em nossas vidas. Como isso acontece?

Trabalhando pela unidade da igreja

A partir do capítulo 4, Paulo mostra como viver isso na prática. Somos chamados a viver de forma digna do chamado do Evangelho (Efésios 4:1). Isso implica em relacionamentos motivados por humildade (considerar os outros superiores), mansidão (não se ofender ou se irar facilmente pelo pecado dos outros), suportando uns aos outros em amor (lidando com graça para com o pecado do outro), fazendo todo o esforço pela unidade da igreja, para que todos tenham paz uns com os outros (Efésios 4:2-3).

Quando um casal se afasta da igreja para focar apenas em si, de forma nenhuma demonstra essas atitudes dignas do Evangelho. Acaba agindo por orgulho, focando mais nos seus desejos do que nas necessidades dos irmãos. Muitas vezes usam o pecado dos outros como justificativa para se afastarem da igreja. E não contribuem para a unidade do Corpo, pelo contrário, causam divisão.

Como casal, vocês têm olhado para a igreja com as motivações certas? O Evangelho é evidente na forma como vocês se envolvem com os irmãos? Lembrem-se que expressar a imagem de Deus, consequentemente o Evangelho, é o propósito do casamento. Nada é mais importante do que isso.

Paulo dá as razões para isso. Como já vimos, as metáforas da igreja evidenciam que não há vida fora do convívio com os irmãos em Cristo. As razões listadas em Efésios mostram que temos tudo em comum com a família de Cristo (Efésios 4:4-6). Por isso não é coerente viver afastado da igreja.

Como casal, vocês têm sido usados por Deus para promover a união da igreja? Os irmãos estão mais unidos por causa do envolvimento intencional de vocês? Deus nos uniu através do sacrifício de Cristo. Refletimos sua imagem quando fazemos isso através de relacionamentos intencionais na igreja.

Trabalhando pelo crescimento da igreja

Na continuação do texto, somos lembrados que Deus dá a cada crente um dom para servir na igreja (Efésios 4:7; 1Coríntios 12:4-7). Ou seja, não há um crente sem essa capacitação. Não se envolver ministerialmente é desperdiçar esse dom.

Vocês sabem qual é o dom de vocês? Qual necessidade da sua igreja Deus os capacitou a suprir? A melhor forma de descobrir seu dom é servindo. Conforme nos envolvemos nos ministérios, nossos dons vão ficar evidentes para nós e para a igreja. Então vamos focar nosso esforço nessa área específica.

No Brasil, sofremos com uma cultura católica romana nas igrejas evangélicas, onde cremos que o trabalho ministerial é exclusivo do clero, ou seja, dos pastores e da liderança. Mas, biblicamente, o papel da liderança da igreja é treinar todos os crentes para a obra do ministério. A igreja cresce na proporção do número de membros que trabalham (Efésios 4:11,12). Assim, toda igreja vai amadurecendo, tornando-se mais parecida com Cristo (Efésios 4:13). Em uma igreja onde todos servem para o crescimento um do outro, dificilmente o ensino errado terá espaço (Efésios 4.14). Em um ambiente onde a verdade é ensinada em amor, a igreja cresce como um corpo unido e saudável, pois cada membro exerce sua função (Efésios 4:15-16).

Vocês, como casal, têm crescido unidos? Têm contribuído para o crescimento espiritual dos irmãos da igreja? É importante ressaltar que ministério é, essencialmente, investimento em vidas. Até podemos participar de "ministérios" sem investir direta e intencionalmente no crescimento de alguém. Mas isso seria um desperdício. Cada oportunidade de relacionamento que um ministério promove é uma oportunidade de edificar o outro. Assim o ministério é eficaz.

1+1>2

Nesse sentido, o casamento deve potencializar o ministério de vocês. Como casados vocês são capacitados a servirem ainda mais do que quando eram solteiros. Deus viu que não era bom que o homem estivesse só, pois ele precisava de um complemento, um auxílio, para cumprir o trabalho que o Senhor propôs (Gênesis 2:15,18). O fato do casamento ter sido criado logo em seguida (Gênesis 2:20-24) mostra que um dos seus propósitos é capacitar o casal a servir melhor a Deus.

O curioso caso dos cavalos belgas

Ao ilustrar a importância do jugo igual no relacionamento a dois, Dan Potter compartilha algo sobre o mistério dos cavalos belgas. Eles estão entre os maiores e mais fortes cavalos do mundo. Competições são realizadas para ver qual cavalo consegue puxar mais, e um belga consegue puxar 8.000 libras. O estranho é que se você colocar no arreio dois cavalos belgas que são estranhos um ao outro, juntos eles podem puxar de 20.000 a 24.000 libras. Dois podem puxar não duas vezes mais que um, mas três vezes mais. Esse exemplo representa o poder da sinergia. No entanto, se os dois cavalos forem criados e treinados juntos, eles aprenderão a puxar e a pensar como um só. A dupla treinada e, portanto, unificada, pode puxar de 30.000 a 32.000 libras, quase quatro vezes mais que um único cavalo".[1]

Ter um cônjuge servindo junto potencializa o ministério. O companheirismo proporcionado pelo casamento nos ajuda a sermos mais resistentes na vida cristã. O ponto forte de um supre o ponto fraco do outro. Um anima o outro. Esse princípio é ensinado na literatura de sabedoria bíblica, que descreve o valor de ter um companheiro no trabalho e nas viagens:

> Melhor é serem dois do que um, porque maior é o pagamento pelo seu trabalho. Porque se caírem, um levanta o companheiro. Mas ai do que estiver só, pois, caindo, não haverá quem o

---

[1] POTTER, Dan. Judges 15: Equally Yoked, The5MC (online).

Ter um cônjuge servindo junto potencializa o ministério. O companheirismo proporcionado pelo casamento nos ajuda a sermos mais resistentes na vida cristã. O ponto forte de um supre o ponto fraco do outro. Um anima o outro.

levante. Também, se dois dormirem juntos, eles se aquecerão; mas, se for um sozinho, como se aquecerá? Se alguém quiser dominar um deles, os dois poderão resistir; o cordão de três dobras não se rompe com facilidade". (Eclesiastes 4:9-12).

Vocês sentem que juntos têm servido mais e melhor a Deus? Se não, o que acha que precisa ser trabalhado para que isso aconteça em suas vidas?

É NECESSÁRIO SEREM UM NO MINISTÉRIO

Uma das dificuldades que é comum na vida do casal é quando um é animado para servir na igreja e o outro não. Isso gera frustração nos dois. Um acha que poderiam servir mais enquanto o outro se acha pressionado a fazer o que não quer.

Paulo usa a figura do jugo para ensinar um princípio importante nessas circunstâncias. O jugo era utilizado para unir dois animais para fazer o trabalho no campo (2Coríntios 6:14-18). Animais de diferentes espécies no mesmo jugo para puxarem o arado, não dava certo, pois tinham forças diferentes ou até iam para direções diferentes, tentando se afastar do outro animal estranho. O resultado era um trabalho torto ou inacabado.

O contexto original expõe a impossibilidade de harmonia no relacionamento entre um crente e um descrente. Mas o princípio também se aplica no caso de um casal de crentes que tem níveis de comprometimento bem diferentes. Se um está mais comprometido com o ministério do que o outro, os dois não vão conseguir caminhar juntos no mesmo jugo.

Para lidar com isso, o casal precisa ter uma conversa aberta e franca sobre o tema. Devem olhar para o padrão bíblico para a vida ministerial dos dois e chegar a um consenso. É sábio buscar o aconselhamento de um casal mais maduro e piedoso, para ajudá-los na decisão. Certamente cada um terá que ceder um pouco. Com o tempo, poderão crescer nessa área e se tornarem mais equilibrados.

Isso pode acontecer também na decisão do tipo de ministério que irão servir. Apesar de não ser errado servirem em algum ministério diferente um do outro, o ideal é que encontrem também uma área onde poderão servir juntos. Talvez um dos dois terá que se "arriscar" em um ministério novo para servir com o cônjuge.

Vocês estão alinhados ministerialmente? Vocês servem juntos como casal? Há algo a ser tratado para que não andem em "jugo desigual"?

ALGUMAS IDEIAS PRÁTICAS

Priorizem a participação nos cultos na agenda de vocês. Mesmo que vivam uma rotina apertada, separem os períodos pós cultos para o descanso. A Bíblia não dá um número mínimo de reuniões na igreja em que devem participar. Às vezes participar de todas será puxado para sua família.

Se vocês já servem em ministérios separados na igreja, pensem na possibilidade de achar um onde podem servir juntos. Talvez tenham que avaliar se ficará muito pesado permanecer nos ministérios antigos e acrescentar um para servirem juntos. Lembrem-se de serem equilibrados.

Sejam intencionais no investimento em vidas. Servir no ministério infantil ou auxiliar no trabalho com adolescentes e jovens oferece excelentes oportunidades para discipular os mais novos. Mas sejam intencionais também em relacionamentos fora de ministérios formais. Invistam em pessoas mais novas, chamando-as para uma refeição na sua casa. Compartilhem a história do que Deus tem feito na vida de vocês. Perguntem como podem orar por elas. Esse tipo de investimento, inclusive com amigos que permanecem solteiros, tem um impacto indescritível. Chamem casais que estão na mesma fase de vida que vocês para compartilharem experiências, aprendizados e orações. Convidem casais mais maduros e piedosos para compartilharem suas experiências, orarem por vocês e os aconselharem. Vocês serão edificados e edificarão a outros.

CONCLUSÃO

O casamento não deve ser apenas para o ministério um na vida do outro, mas para os dois unirem seus dons e servirem à igreja de forma ainda mais eficaz. A soma das suas vidas deve ser maior que as partes. Deus chama o casal a multiplicar sua imagem pelo mundo (Gênesis 1:27-28). Cumprimos esse mandato investindo ministerialmente em vidas, tornando-as mais parecidas com Cristo. Tornar-se um no envolvimento da igreja potencializa a eficácia ministerial, assim como aconteceu na vida do Bruno e da Janaína.

A LIÇÃO PRINCIPAL

O casamento é uma parceria para melhor servir à igreja.

PARA DISCUSSÃO

1. Vocês concordam com a afirmação: "Não há vida fora da igreja"? Qual base bíblica para a sua resposta?
2. É saudável ser frequente na igreja, mas não se envolver com ministérios? Como vocês defenderiam biblicamente essa resposta?
3. Vocês têm o mesmo empenho no envolvimento com a igreja? Se não, o que poderiam fazer para se alinharem?
4. A fórmula "1+1>2" se aplica ao casamento de vocês?

RECURSOS

- *O namoro e o noivado que Deus sempre quis*, de David Merkh e Alexandre Mendes, Hagnos, 2013.
- *Perguntas e respostas sobre namoro e o noivado que Deus sempre quis*, de David Merkh e Alexandre Mendes, Hagnos, 2015.

YOUTUBE – PALAVRA E FAMÍLIA

- Um para o outro, ambos para Deus
  https://www.youtube.com/watch?v=aW1ORuoN2Os

- Playlist: Namoro
  https://www.youtube.com/playlist?list=PLw7L4_qOwhO47J1LNPR7xx7gec3QFPt6O

18

DAVID MERKH[1]

TER PETS OU SER PAIS? TORNANDO-SE UM NA PATERNIDADE (PARTE I)

---

[1] Muito do conteúdo deste capítulo e do próximo foi adaptado do livro *15 Lições para educação dos filhos*, de David e Carol Sue Merkh.

ENZO E ALINE se casaram mais tarde na vida. Ele precisava terminar um mestrado em química enquanto trabalhava em uma farmacêutica multinacional. Aline já era veterinária formada, mas tinha tomado a decisão de sair da clínica onde trabalhava para abrir seu próprio consultório. Tudo isso adiou por alguns anos o seu casamento.

Quando se casaram, ambos tinham bichos de estimação: o cachorro de Enzo e uma gata da Aline. Você pode imaginar o trabalho que tiveram no primeiro ano de casados, dentro do seu apartamento no quinto andar, com dois pets que mutuamente se estranhavam? Mas aos poucos todos fizeram as pazes e viveram felizes para todo sempre... ou quase.

Chegou a hora em que Aline pensa em ser mãe. Mas Enzo gosta da vida que eles têm e questiona trazer um bebê num mundo tão mal. Ambos concordam que seu apartamento é pequeno demais para mais alguém, mas nenhum dos dois quer se desfazer dos pets. E agora?

No Brasil atual, muitos novos casais estão decidindo adiar indefinitivamente a paternidade. Outros declaram que não querem filhos ou preferem cuidar de bichos de estimação.

Hoje, os pets estão ganhando dos filhos por quatro a um!

> Os pets têm ganhado cada vez **mais espaço dentro do ambiente familiar**, é o que revela uma pesquisa realizada em 2020 elo **IBGE** juntamente com o **Instituto Pet Brasil**. Vem crescendo o número de **famílias multiespécie**, que é o termo utilizado para famílias que são compostas de humanos e animais de estimação.

No Brasil, o número de crianças (pessoas de até 12 anos de idade) era de aproximadamente **35,5 milhões**, segundo a Pesquisa Nacional por Amostra de Domicílios Contínua de 2018. Já o número de pets se mostrava bem mais expressivo, **139,3 milhões**, segundo a Associação Brasileira da Indústria de Produtos Para Animais de Estimação (Abinpet).[2]

Outro estudo constata que cerca de 30% dos donos de cachorros e gatos consideram seus pets como seu próprio filho![3]

Deus nos deu os animais para serem cuidados e curtidos como parte do mandato cultural e da mordomia para com a sua maravilhosa criação. Não há nada de errado em um casal criar seus pets. Em nossa casa, quase sempre tivemos pelo menos um cachorro. Mas optar por um cachorro *no lugar* de um filho? Algo está muito errado.

Conhecemos casais que engravidaram na própria lua de mel. E se acontecesse com você - uma gravidez antes da "sua" hora planejada? Seria motivo de alegria ou tristeza? Uma interrupção de planos humanos ou uma intervenção divina? Um desastre ou um deleite? Praga ou prazer? Você estaria pronto para esse desafio em união, como casal? Você saberia praticar os princípios da Palavra de Deus para criar seu filho para ser uma bênção?

A vinda de um novo bebê na família, mesmo nos primeiros momentos da vida a dois, deve ser uma enorme bênção na vida do casal e para o mundo ao redor. Mas, para isso, precisamos adotar uma cosmovisão bíblica sobre filhos.

Neste capítulo queremos responder duas perguntas: Qual o valor dos filhos à luz das Escrituras? Como decidir quantos filhos ter?

No próximo capítulo, trataremos de mais duas questões: Se Deus lhes der filhos, como devem ser criados? Se Deus não der filhos, o que fazer?

---

[2] FERNANDES, Amanda. Famílias brasileiras têm mais pets do que crianças. *Petlove* (online).
[3] ALVIM, Mariana. Cada vez mais brasileiros veem pets como filhos, tendência criticada pelo papa, *BBC News Brasil (online)*.

QUAL O VALOR DOS FILHOS À LUZ DAS ESCRITURAS?

Você tem uma perspectiva bíblica sobre filhos? Ou você tem sido levado por uma cultura que pendula entre dois extremos – num instante, considera os filhos como "pragas" e, logo em seguida, considera-os pequenos deuses? Ambos extremos complicam demais a criação de filhos.

Vamos examinar como Deus encara esse enorme privilégio e responsabilidade de criar novas almas. São o legado que deixaremos para influenciar um mundo que nós, como pais, provavelmente não veremos. Destacamos três princípios:

1. Filhos devem ser criados para serem adoradores que espalham a glória de Deus ao redor da Terra

Como já vimos, assim que Deus criou o primeiro casal como reflexo da sua imagem, deu-lhes a ordem de gerar filhos: "E Deus os abençoou e lhes disse: Sejam fecundos, multipliquem-se, encham a terra e sujeitem-na" (Gênesis 1:28). O espelho da imagem de Deus no primeiro casal seria espalhado através de novos adoradores até os confins da Terra. Ou seja, o propósito divino na geração de filhos seria acrescentar mais adoradores para a sua glória.

Mesmo depois da entrada do pecado na raça humana, que, por sua vez, se espalhou no mundo, a mesma ordem foi repetida. Depois do dilúvio lemos que "Deus abençoou Noé e os seus filhos, dizendo: 'Sejam fecundos, multipliquem-se e encham a terra'" (Gênesis 9:1). "'Mas sejam fecundos e multipliquem-se; povoem a terra e multipliquem-se sobre ela'" (9:7). Em nenhum momento da história Deus revogou esse mandato para a humanidade.

2. Filhos são uma bênção para os pais e devem ser uma bênção para o mundo

Um dos "Salmos do lar", o 127, nos lembra do valor eterno que os filhos têm, mas também pressupõe que os filhos sejam criados para ser uma bênção:

> Herança do Senhor são os filhos; o fruto do ventre, seu galardão.
> Como flechas na mão do guerreiro, assim são os filhos da sua

mocidade. Feliz o homem que enche deles a sua aljava; não será envergonhado, quando enfrentar os seus inimigos no tribunal (Salmos 127:3-5).

A ideia não é que todo casal deva ter tantos filhos quanto consiga produzir. Mas cada casal deve avaliar a possibilidade de ter a quantidade de filhos que consegue discipular, para que sejam uma bênção (veja Efésios 6:4).

A descrição dos filhos como herança, fruto, galardão, flechas e causa de felicidade significa que os filhos abençoam seus próprios pais quando bem-criados. Provérbios ecoa essa ideia quando fala de filhos disciplinados: "Corrija o seu filho, e você terá descanso; ele será um prazer para a sua alma" (29:17). A palavra traduzida como "prazer" foi usada somente duas outras vezes no Velho Testamento hebraico, com a ideia de "delícias", ou seja, "comidas finas" (Jeremias 51:34) ou "delícias reais" (Gênesis 49:20). Seria difícil imaginar uma descrição mais prazerosa.

Mas os filhos devem ser criados para ser uma bênção para outros também. Salmos 128:6 fala da bênção dos "filhos dos filhos" para os avós. Salmos 37:26 descreve o homem piedoso cuja "descendência será uma bênção". Não criamos nossos filhos para nós mesmos, mas para a glória de Deus em toda a Terra.

3. Os filhos constituem um legado eterno

Os filhos representam um testemunho perpétuo do amor dos pais, cujo DNA se misturou para criar uma nova alma. Salmos 128 fala dessa bênção do legado de geração a geração: "Que o Senhor o abençoe desde Sião, para que você veja a prosperidade de Jerusalém durante os dias de sua vida, e veja os filhos dos seus filhos" (Salmos 128:5,6). O salmo 112 acrescenta: "Bem-aventurado é aquele que teme o Senhor e tem grande prazer nos seus mandamentos. A sua descendência será poderosa na terra; a geração dos justos será abençoada" (Salmos 112:1,2).

TER FILHOS OU NÃO?

Em todo o mundo, e durante quase toda a sua história, preservar o nome familiar através de um legado de filhos, netos, bisnetos etc.

foi considerado como um grande privilégio e também uma enorme responsabilidade. Sabemos que essa cosmovisão tem suas origens no mandato da criação. Em seu artigo "The Childless Utopia" ("A utopia de vida sem filhos"), P. Andrew Sandlin diz:

> Visto que esta é uma norma criacional, não deveríamos nos surpreender que a falta de filhos ou a esterilidade fossem consideradas uma reprovação pelos santos bíblicos (Gn 16:2; 29:32). Antes de Ana conceber Samuel, o fato de não ter filhos era tão doloroso que a sua fervorosa oração pela fertilidade parecia uma embriaguez para o sumo sacerdote Eli (1 Sam. 1:8-18). Além disso, a ausência de filhos é por vezes um ato de julgamento de Deus sobre os ímpios e desobedientes; como os filhos são uma bênção, Deus às vezes julga os ímpios fechando o ventre das mulheres (Levítico 20:21; Jeremias 22:30).
>
> Criar intencionalmente um casamento sem filhos é um pecado, puro e simples. Isto não quer dizer que os casamentos sem filhos sejam pecaminosos. Deus abre e fecha o útero (Is 66:9) e toda falta de filhos não é um ato do julgamento de Deus, de forma alguma. A Bíblia também não declara que todos os casamentos devem produzir tantos filhos quanto possível. Quando casais recém-casados me perguntam quantos filhos deveriam ter, respondo: "Tenha alguns".[4]

Por que não ter filhos?

À luz do mandato divino para ter filhos, da bênção que os filhos representam para os pais e para o mundo, e da possibilidade que nos dão de ter um legado para toda a eternidade, surge uma pergunta: "Por que um casal não iria querer ter filhos?"

Alguns talvez respondam que o mundo é muito mal e nenhum filho merece sofrer nele. Mas houve muitas épocas ruins na história da humanidade e os pais conseguiram criar filhos para a glória de Deus, como Moisés, José, Samuel e Daniel.

---

[4] SANDLIN, P. Andrew. The Childless Utopia. *Christ Over All* (online).

Outros alegam que o mandato de encher a Terra já foi cumprido. Afirmam que o globo já tem pessoas *demais* e mais pessoas significa menos recursos para nós (um motivo no mínimo egoísta). Mas não é verdade. Ainda há muito espaço até que a ordem de "encher a Terra" seja cumprida.

Mas a razão principal, declarada ou não, sobre porque muitos casais não querem ter filhos é o egoísmo de um mundo hedonista, que idolatra o prazer pessoal. No artigo citado anteriormente, Sandlin diz que "a esterilidade intencional no mundo pós-moderno é quase sempre um reflexo da infertilidade hedônica, do egocentrismo narcisista, em vez de uma submissão à centralidade de Deus".[5] Mais e mais casais no mundo estão decidindo adiar a paternidade indefinitivamente ou estão simplesmente decidindo não ter filhos em nome de carreiras em ascensão, viagens irresistíveis e um estilo de vida luxuosa que só seria atrapalhada por filhos. Porém, muitas vezes, essa visão míope traz consequências dolorosas para a vida, mais tarde.

O testemunho unânime da Palavra de Deus é que filhos são uma bênção e devem abençoar o mundo. A tarefa pode parecer enorme e desanimadora, especialmente no mundo malvado em que vivemos. Mas, se Deus der filhos, ele também dará sabedoria para educá-los. Para isso, precisamos voltar para o "Manual do Fabricante do Lar" e suas instruções sobre a educação dos filhos, que serão o assunto do próximo capítulo.

Existem situações em que um casal pode decidir não ter filhos?
Só podemos imaginar cenários excepcionais e raros, que normalmente não são as razões para um casal *decidir* não ter filhos. Uma razão seria doenças em que uma gravidez poderia colocar em risco a vida da mãe. Outra seria problemas genéticos que poderiam culminar em crianças com sérias deficiências. Mas, mesmo assim, não vemos nenhum caso em que seria *pecado* pessoas decidirem *ter* filhos nessas circunstâncias.

---

[5] SANDLIN, P. Andrew. The Childless Utopia. *Christ Over All (online)*.

A outra possível exceção segue um argumento lógico à luz de outro texto que lida com a questão de alguém casar-se ou não: 1Coríntios 7:26. Paulo argumenta que, a bem do Reino, em certas situações ("a angustiosa situação presente") seria melhor as pessoas não se casarem. Seguindo essa lógica, *talvez* possamos afirmar que em certas situações *missionárias* (perseguição, um campo missionário de alto risco), um casal casado pode decidir não ter seus próprios filhos biológicos a fim de ganhar filhos espirituais. Novamente, a exceção foge da razão egocêntrica pela qual a maioria dos casais decide não ter filhos nos dias atuais.

Quantos filhos?

É lamentável que muitos países "cristãos" tenham um crescimento populacional negativo, enquanto países de outras religiões continuam se multiplicando.

Mas, será que o casal deve ter tantos filhos quanto possível, mesmo a partir do primeiro ano de casamento?

Embora respeitemos que algumas pessoas optem por essa mentalidade depositando sua confiança na soberania de Deus, também entendemos que aqui se trata de mais uma encruzilhada entre a soberania de Deus e a responsabilidade do homem. Jogar toda a responsabilidade para Deus nos parece irresponsável, especialmente quando o casal não tem condições de tempo, espaço, recursos etc. para discipular e disciplinar seus filhos.

A responsabilidade humana exige que cada casal avalie diante de Deus se sua perspectiva sobre filhos traça uma cosmovisão secular ou bíblica, que valoriza (sem endeusar) os filhos ou se os menospreza. E diante desses e outros fatores, decida quantos filhos o casal acredita, diante de Deus, que consegue criar para a glória dele. Esse número varia de acorda com cada casal. No nosso caso, nunca estipulamos um número final de filhos que *queríamos* ter. Depois de cada parto (semanas, não minutos depois!) decidimos: "Pelo menos mais um", até sentirmos que chegamos ao nosso limite (depois disso, adotamos uma criança com dez anos de idade!).

Sobre esse tema, o coautor deste livro, Pr. Ricardo, e sua esposa Camila contam seu testemunho:

Desde que fizemos o curso pré-nupcial com o Pr. David e a Carol, Camila e eu concordávamos em ter apenas dois filhos. Pela graça de Deus a Laila chegou em 2010 e a Isabella em 2012. Havíamos até pensado em fazer a cirurgia para não ter mais filhos. Um dia, porém, fomos confrontados sobre o porquê não ter mais. Nossas justificativas não eram piedosas, mas egoístas e orgulhosas. Não queríamos mais trabalho, mais gasto e não confiávamos em Deus para cuidar dos nossos filhos nesse mundo mal. Então nos arrependemos e seis anos depois da Isabella, Gustavo chegou. E ele tem sido uma grande bênção em nossas vidas. Não imaginamos nossa família sem esse Palmeirense ao nosso lado!

CONCLUSÃO

Pastor John Piper afirma:

> O casamento deve fazer filhos... e discípulos de Jesus... Esse propósito do casamento não visa apenas a acrescentar corpos ao planeta. A questão é aumentar o número de seguidores de Jesus na terra... O propósito de Deus ao fazer do casamento o lugar de ter filhos nunca foi apenas o de encher a terra com gente, mas o de enchê-la com adoradores do Deus verdadeiro.[6]

Resumindo, entendemos que essa é uma questão de *sabedoria bíblica,* que envolve confiança no Senhor, responsabilidade humana, uma visão correta sobre o valor dos filhos e o papel dos pais. Diante disso, acreditamos que o casal deve ter tantos filhos quantos, diante de Deus e pela sua graça, entende que consegue discipular para abençoar o mundo como adoradores do Deus verdadeiro.

---

[6] PIPER, John. *Casamento Temporário,* p. 123.

A LIÇÃO PRINCIPAL

Filhos são uma bênção que devem abençoar o mundo.

PARA DISCUSSÃO

1. O que leva tantos casais a priorizarem os pets e não os filhos?
2. Quais as consequências, às vezes despercebidas, do casal adiar ter filhos até mais tarde na vida? Quais as consequências da decisão de não ter filhos?
3. Existe alguma situação em que seria apropriado para um casal decidir não ter filhos?
4. Quais são fatores legítimos e coerentes com o texto bíblico para decidir a quantidade de filhos que se busca ter? Quais são fatores ilegítimos?

RECURSOS

- *15 lições para criação de filhos*, de David e Carol Sue Merkh, Hagnos, 2020.

YOUTUBE – PALAVRA E FAMÍLIA

- Planejamento familiar
  https://www.youtube.com/watch?v=cPciVjur6-0&t=171s

- Ter ou não ter filhos
  https://www.youtube.com/watch?v=RKq78RCMd_0

19

DAVID MERKH

SEREMOS PAIS! E AGORA?
TORNANDO-SE UM NA PATERNIDADE (PARTE II)

KEILA E FABRÍCIO (seus nomes verídicos, pois se trata da nossa filha caçula e do nosso genro) receberam a notícia tão inesperada depois de somente três meses de casamento: a Keila estava grávida. E agora? (Por minha parte fiquei bem alegre, pois temos uma coleção de netos e sempre desejamos mais um. Mas, e o casal? Como reagiria?).

O pastor que fez o aconselhamento pré-nupcial deles (que, por acaso, também é coautor desse livro), havia recomendado que o casal esperasse um tempo antes de ter filhos, para ter um bom período de adaptação no início do casamento. Um conselho sábio para a maioria dos casos, inclusive para os leitores deste livro. Mas Deus tinha outros planos.

Uma vez casados, todo casal deve estar preparado para a possibilidade de chegar um bebê. Mesmo os melhores métodos anticoncepcionais admitem falhas. O único método anticoncepcional que é garantido de funcionar é a abstinência total, que não recomendamos (!) e que Deus não permite em nenhum momento na vida a dois, muito menos no início do matrimônio (1Coríntios 7:1-5).

No caso da nossa filha, ficou nítido que foi uma providência divina. A Keila, quando ainda era solteira, havia cuidado em tempo integral de sua sobrinha cardiopata, a Hadassah, durante dois anos. O Fabrício, embora ainda fosse apenas o namorado da Keila, era como um pai para nossa neta com deficiência e debilitada. Infelizmente, no fim daqueles dois anos, Hadassah veio a falecer.

Todos nós ficamos arrebentados, mas Keila em particular. Ela e Fabrício já tinham sido como pais para Hadassah, mas agora estavam com seus braços vazios. Então, a chegada de Calvin, somente 12 meses depois do casamento deles foi uma grande bênção. Mas depois veio o desafio de criá-lo enquanto ainda estavam se adaptando ao casamento.

SE DEUS DER FILHOS, COMO DEVEM SER CRIADOS?

Muitos casais se apavoram diante da notícia de que serão pais. Mas a perspectiva positiva da Palavra de Deus e suas orientações sobre como criar os filhos podem fazer toda a diferença.

Ao longo dos anos temos ministrado para milhares de pais sobre os princípios claros e confiáveis da Palavra de Deus para a criação de filhos. Não são garantias, mas nos oferecem um norte. Temos investigado as Escrituras em busca de seus conselhos para essa árdua, mas abençoada tarefa. Assim, queremos compartilhar, de forma resumida, quatro lições bíblicas, fundamentais e indispensáveis para a educação de filhos.

1. Filhos são membros bem-vindos ao círculo familiar e não o centro dele

Em seu curso *Educação de filhos à maneira de Deus*, os autores Gary e Anne Marie Ezzo sugerem que o "filhocentrismo" debilita o relacionamento marido-esposa, fazendo com que o "eixo" da família seja os filhos, no lugar do relacionamento conjugal.[1] Filhos criados desse modo acabam minando o alicerce da família.

Os filhos devem ser considerados membros bem-vindos ao círculo familiar e não o centro da atenção da família. O casal precisa cultivar seu próprio relacionamento como "melhores amigos" (Provérbios 2:17; Malaquias 2:14), o que servirá como base de segurança e confiança para os filhos. Isso não significa negligenciar os filhos. Todas as suas necessidades físicas, emocionais e espirituais precisam ser atendidas. Mas não podemos permitir que os filhos dominem os relacionamentos do lar.

Os pais sempre precisam manter uma frente unida em todas as questões envolvendo os filhos (Gênesis 2:24). Se for necessário, podem tratar de questões difíceis em particular.

---

[1] GARY, Ezzo; GARY, Anne Marie. *Educação de filhos à maneira de Deus*. p. 35-38.

Em nossa família, tentamos ilustrar isso para os filhos de várias maneiras. Com raras exceções, não deixávamos que os filhos se sentassem entre nós na igreja, nas refeições, no carro ou no transporte público. Como casal, andávamos lado a lado na rua com os filhos nas pontas. Também tentamos praticar o que o casal Ezzo chama de "tempo de sofá", em que compartilhávamos os eventos do dia um com o outro nos primeiros momentos em que nos reencontrávamos em casa, sem interrupção dos filhos, para ficarmos "na mesma página".

2. O alvo dos pais é alcançar o coração do filho

Muitos pais encontram-se estressados, desorientados e confusos quanto à criação dos filhos porque não sabem qual a sua meta e não têm a ideia de que métodos usar para atingir o seu alvo. Os poucos que ainda tentam conseguir obediência de seus filhos contentam-se em controlá-los com técnicas de manipulação, gorjetas, suborno, ameaças, palavras positivas – tudo na tentativa de conseguir que os filhos façam o que os pais mandam!

O padrão bíblico, porém, vai muito além de atos externos. Mira o coração. À luz da Bíblia, o coração é o centro do ser, a sede do intelecto, da emoção e da vontade. Isso corresponde à ideia de "mente" ou "pensamento". Representa o verdadeiro "eu", a minha identidade, minha personalidade, quem eu realmente sou, o que sinto e penso.

No início do processo de educação dos filhos, os pais que adotam o padrão bíblico terão muito trabalho, mas seu esforço valerá a pena. Ganhar o coração do filho é a operação feita no empenho de resgatar nele a imagem de Deus. O trabalho exigirá sondagens constantes de atitude e motivação, esforço redobrado de discipulado e disciplina, longas conversas e avaliações sábias, tempo de qualidade e quantidade.

O pai em Provérbios exorta ao seu filho: "De tudo o que se deve guardar, guarde bem o seu coração, porque dele procedem as fontes da vida" (Provérbios 4:23; veja Provérbios 23:26). Em tempos antigos, a fonte d'água era o centro da vida de uma comunidade. Sem ela, o povo, o gado e as plantações morreriam. Por isso, a fonte era também motivo de guerra. Nenhum cuidado era demasiado quando se tratava de uma fonte d'água. Quando se trata do nosso coração, todo cuidado é necessário! O coração é uma fonte que precisa ser guardada!

3. O papel dos pais é pastorear os filhos através de intercessão, instrução e intervenção

Quando investigamos todos os textos bíblicos que tratam do papel dos pais, três responsabilidades principais se destacam: Intercessão (dependência de Deus), instrução (o discipulado dos filhos) e intervenção (disciplina). Não é coincidência que essas três áreas correspondem ao papel do pastor da igreja. Os pais são chamados a pastorear o coração dos filhos assim como o pastor lidera a igreja, família de Deus.

Intercessão (dependência)

Jó era um "pai pastor". O primeiro capítulo de Jó descreve esse patriarca como um homem íntegro e reto, temente a Deus e que se desviava do mal (1:1). A Bíblia destaca a maneira pela qual Jó demonstrava sua piedade: intercedendo por seus dez filhos através de ofertas sacrificiais.

Como interceder pelos filhos? Segue um esboço muito simples que pode servir como guia na oração por seus filhos mesmo antes deles nascerem. São os quatro "Cs" da oração familiar:

1. Orar pela *conversão* dos filhos.
2. Orar pelo *caráter* dos filhos, especificamente, para que eles desenvolvam o fruto do Espírito (Gálatas 5:22,23), com a compreensão da sua identidade como filhos de Deus em Cristo (Efésios 1:15-23; 3:14-21).
3. Orar pela futura *carreira* dos filhos, pedindo ao Senhor da seara que os use para expandir o seu Reino no mundo, seja como pastores, missionários, educadores cristãos ou em qualquer outra vocação "secular" (Lucas 10:2).
4. Orar pelo *casamento* dos filhos, pedindo que Deus os direcione ao cônjuge com quem compartilharão seu chamado para o restante da vida.

Instrução (discipulado)

O pai e a mãe devem estar sempre ensinando seus filhos por meio de palavras, ações e atitudes. É impossível escapar do olhar dessas pequenas ovelhas, que admiram tanto seus "pastores". Estamos sempre transmitindo o que realmente somos para elas. Por isso, os "pais pastores" têm de reconhecer que são também "pais professores", sempre instruindo seus filhos e vacinando-os contra a doença da "amnésia espiritual".

Amnésia espiritual é a doença que aflige os filhos daqueles crentes que não se esforçaram em transmitir sua fé à próxima geração. É a memória de Deus apagada da vida de um filho pela negligência dos pais. Depois do êxodo, essa doença atingiu uma geração inteira do povo de Israel: "Toda aquela geração também morreu e foi reunida aos seus pais. E, depois dela, se levantou uma nova geração, que não conhecia o Senhor, nem as obras que ele havia feito por Israel" (Juízes 2:10). Isso porque os pais que haviam experimentado tantos milagres e a presença do Senhor não levaram a sério o conselho dado por Moisés em Deuteronômio 6:6-9:

> Estas palavras que hoje lhe ordeno estarão no seu coração. Você as inculcará a seus filhos, e delas falará quando estiver sentado em sua casa, andando pelo caminho, ao deitar-se e ao levantar-se. Também deve amarrá-las como sinal na sua mão, e elas lhe serão por frontal entre os olhos. E você as escreverá nos umbrais de sua casa e nas suas portas.

De acordo com esse texto, o "pai professor" aproveita todas as oportunidades para ensinar a seus filhos os valores e princípios bíblicos transmitidos pelo supremo Pastor. Esse pai ensina a Palavra formal e informalmente, proposital e espontaneamente, em todo lugar e em qualquer lugar, em todo tempo e o tempo todo. Não é fanatismo fingido, mas um estilo de vida exemplificado, que avalia toda a vida por uma perspectiva bíblica. "O pai que ama a Deus de todo o coração transmite sua fé à outra geração!".

Intervenção (disciplina)

A última responsabilidade do "pai pastor" segue naturalmente as primeiras duas. Efésios 6:4 adverte os pais que não provoquem a ira de seus filhos, mas que os criem na disciplina e instrução do Senhor.

Assim como o pastor do rebanho vai atrás de ovelhas desgarradas – e, às vezes, precisa discipliná-las para que evitem perigos maiores longe do aprisco – os pais precisam intervir na vida dos seus filhos com disciplina equilibrada.

O pai que realmente ama seu filho precisa intervir quando este deixa o caminho da instrução. O alvo sempre é corrigir e restaurar a criança ao caminho do Senhor, nunca punir ou se vingar do filho. Assim, o pai ajuda seu filho a associar o pecado com suas consequências, para que ele veja o seu coração e corra até a cruz de Cristo.

4. Deus dá a graça necessária para pais amadores na árdua tarefa de educar filhos para sua glória

Nenhum pai ou mãe deveria desanimar diante da enorme tarefa de lapidar uma pequena vida à imagem do Senhor – mesmo que essa vida chegue logo cedo para o casal. Deus concede essa tarefa para amadores, para que o busquem de todo coração e não dependam do seu próprio entendimento (Provérbios 3:5,6). Ele sempre dá graça aos humildes (1Pedro 5:5) e nos lembra de que somos pó (Salmos 103:14). Assim, ele recebe toda a glória, pois a vida de Cristo brilha através de vasos de barro (2Coríntios 4:7).

Dois textos bíblicos podem nos animar nessa grandiosa tarefa:

> Quero trazer à memória o que pode me dar esperança. As misericórdias do Senhor são a causa de não sermos consumidos, porque as suas misericórdias não têm fim; renovam-se cada manhã. Grande é a tua fidelidade (Lamentações 3:21-23).

> Fiel é aquele que os chama, o qual também o fará (1Tessalonicenses 5:24).

SE DEUS NÃO DER FILHOS, O QUE FAZER?

Finalmente, queremos levantar a hipótese de que o casal talvez não consiga ter filhos. À luz das Escrituras, um casal não precisa de filhos para constituir uma família. Os filhos não "completam" o lar como se ele fosse inferior sem eles. Quando Deus disse que tudo o que ele fez na sua obra prima da criação era "muito bom", ainda não havia filhos no jardim, somente o casal Adão e Eva. Então quando tratamos de um casal que (ainda) não conseguiu ter filhos, seria equivocado considerá-lo incompleto.

A infertilidade[2]

Estatisticamente, os casais estão se casando com uma idade cada vez mais avançada, o que ocasiona várias implicações, dificultando, inclusive, a possibilidade de ter "filhos da mocidade" (Salmos 127:4). Além disso, por vários motivos, os índices de infertilidade estão aumentando em todo o mundo.[3]

Talvez pelo fato de que tantos casais hoje decidem não ter filhos, haja menos empatia para com aqueles que *querem* filhos, mas não conseguem engravidar.

Não há respostas fáceis para essa questão, que muitas vezes leva ao desânimo a cada novo mês no qual não houve uma gravidez. O casal que tanto deseja um filho passa pelo luto e pela sensação de perda recorrentemente e precisa de compaixão e graça. Por isso, as piadas sem graça feitas para qualquer casal que ainda não gerou filhos devem ser permanentemente excluídas.

O casal precisa sempre se consolar pelo fato de que é Deus quem dá filhos e que controla todo o processo de fertilização (Salmos 139:13,14; Isaías 66:9). O casal sem filhos precisa lembrar que não é "amaldiçoado" pelo Senhor. Ele usa essa situação, assim como outras provações, para formar a imagem de Cristo em suas vidas (Romanos 8:28-31).

Também sabemos que o investimento na vida de outros da família da fé, a igreja, é uma forma de espelhar e espalhar a imagem de Deus, de ser frutífero na Terra. O apóstolo João disse que não tinha maior alegria do que saber que seus filhos (espirituais) andavam na verdade (3João 4). O casal sem filhos deve continuar investindo sua vida na vida de outros, o que é um grande legado espiritual.

---

[2] Agradecemos ao nosso amigo e colega, Pr. Jeremiah Davidson, cuja pesquisa de doutorado sobre infertilidade e sugestões para este capítulo muito nos ajudaram.
[3] BARTON, Sarah. Is Infertility on the Rise? *CCRM Fertility*.

O casal terá que avaliar o uso de técnicas de reprodução assistida para verificar se são biblicamente apropriadas (não abortivas), inclusive a prática de doação ou compra de óvulos e esperma, que pode danificar a integridade da aliança conjugal. Também deve concordar em limites financeiros no início de qualquer tratamento, para não gerar outros problemas como dívida, estresse e conflito conjugal. Recomenda-se também que o casal espere um diagnóstico preciso da causa da infertilidade antes de, simplesmente, lançar mão de tecnologias disponíveis. No fim, pode constituir um buraco negro que suga energia, esforço, tempo e emoções, sem nenhum fim em vista.

Para esses e muitos outros casos, o casal deve consultar conselheiros sábios e fontes confiáveis sobre métodos e técnicas de fertilização.[4] Finalmente, o casal pode investigar a possibilidade (não obrigação) de adoção.

A adoção

Mesmo antes de nós nos casarmos, eu e minha esposa conversamos sobre a possibilidade da adoção. Depois de termos cinco filhos, Deus nos apresentou a possibilidade de adotarmos uma criança que tinha dez anos de idade e fora deixada em um orfanato por causa de maus-tratos em seu lar.

Estudamos muito o que a Palavra de Deus diz sobre adoção e, mais uma vez, apreciamos o quanto Deus usa essa metáfora para descrever sua relação conosco, em que somos transferidos do reino das trevas para o reino (família) da luz, com uma nova identidade como filhos de Deus (Romanos 8:14-16; Gálatas 4:4-6; Efésios 1:5; João 1:12; 1João 3:2; Salmos 68:5,6). Reconhecemos a natureza irrevogável da aliança assumida com uma criança, irrevogável como a aliança conjugal que também é assumida com alguém que não é nosso "sangue". Procuramos conselheiros bíblicos e sábios. E tomamos a decisão em prol do resgate de uma vida através da adoção.

---

[4] Sobre esse assunto e também questões sobre anticoncepcionais, recomendamos o livro por Andreas Köstenberger e David Jones, *Deus, Casamento e Família*.

Foi um processo longo, árduo, que continua até hoje. É preciso compreender que antes de ser adotada, uma criança passa por situações que podem ter deixado grandes marcas ou traumas em sua vida, seja pela rejeição, morte ou falta de condições dos pais para criá-la. Embora o espaço aqui seja pouco, queremos oferecer algumas sugestões quanto à questão de adoção.

1. Todo casal deve conversar sobre a possibilidade de adoção, que é um ato de compaixão, para chegar a um consenso diante de Deus sobre adotar ou não.
2. Acima de tudo, o casal precisa estar totalmente unido. Se um cônjuge não quer adotar, o casal não deve fazê-lo. A adoção exigirá uma frente unida tanto quanto qualquer área da vida conjugal. Haverá momentos de desespero e questionamento, e a decisão unânime fará com que um encoraje o outro em momentos de dúvida e desânimo.
3. Sempre recomendamos que o casal adote uma criança o mais jovem possível, a não ser que Deus direcione de forma contrária. Também sugerimos que o casal que já tem filhos, somente adote uma criança quando ela for mais nova que seu filho mais velho. Isso pelo fato de que o casal já tem a experiência do que é esperado em cada fase e nas suas respectivas idades. Se nunca passou por uma fase, fica mais difícil decidir como lidar com um novo filho mais velho que os anteriores.
4. A decisão de adotar é complexa, envolve toda a família (inclusive a família estendida de pais, sogros, tios e tias) e afetará a vida de todos. Por isso, muito embora a decisão final seja do casal, outros familiares (especialmente os filhos) devem ser consultados.

CONCLUSÃO

Certa vez, alguém fez este comentário sobre a responsabilidade de criar filhos: "Qualquer um pode gerar um filho; mas ser um papai exige alguém especial". Apesar das nossas muitas falhas, Deus pode nos dar a graça de sermos pais e mães dignos de sermos imitados por nossos filhos. Sejamos mais que progenitores: sejamos "pais pastores"!

A LIÇÃO PRINCIPAL

Os pais que amam a Deus de todo coração transmitem sua fé à outra geração.

PARA DISCUSSÃO

Embora seria melhor se o casal conversasse sobre as questões levantadas neste capítulo *antes* do casamento, as perguntas que seguem ainda podem ajudar o casal a alinhar seu pensamento e manter uma frente unida mesmo depois do casamento. Uma sugestão é que respondam individualmente e depois comparem suas respostas.

1. Queremos ter filhos? Sim ou não?
2. Devemos esperar _____ tempo antes de ter filhos.
3. Gostaríamos de ter _____ filhos.
4. Depois de nascer o primeiro filho, a esposa vai trabalhar fora de casa? Sim ou não?

    Caso a resposta seja "sim", vai voltar para o trabalho quando nosso filho tiver _____ meses/anos?
5. Seremos adeptos à livre demanda na amamentação? Sim ou não?
6. Nosso filho vai dormir na cama conosco: Sim, não ou raramente?

    Caso a resposta seja sim, por quanto tempo?
7. Que formas de disciplina vamos usar na correção dos nossos filhos?
8. Que tipo de educação vamos dar para nossos filhos: Pública? Particular? Confessional? Domiciliar?
9. Se não pudermos ter filhos, a adoção será uma opção para nós? Sim ou não?

RECURSOS

- *15 lições para criação de filhos*, de David e Carol Sue Merkh, Hagnos, 2020.

- *151 reflexões sobre a educação de filhos,* de David e Carol Sue Merkh, Hagnos, 2019.

YOUTUBE – PALAVRA E FAMÍLIA

- Playlist: Educação de filhos
https://www.youtube.com/playlist?list=PLw7L4_qOwhO6Q0niD1tnE2Df6Pnxjl9Gs

20

RICARDO LIBANEO

BUSCANDO AJUDA NAS TEMPESTADES DA VIDA: QUANDO NÃO CONSEGUIMOS NOS TORNAR UM?

MARIA ESTAVA aos prantos no gabinete do seu pastor. Depois de apenas três anos de casamento, ela não vê vontade no seu marido de lidar com as crises no casamento deles: "Não sei por que isso só acontece comigo. Não tenho forças para continuar".

VOCÊS NÃO ESTÃO SOZINHOS

Um dos sentimentos que temos quando estamos com alguma crise na vida cristã é que somos os únicos a passarem por isso. Talvez esse seja o sentimento de vocês após lerem este livro. Se você frequenta uma boa igreja, um grupo do ministério de casais, provavelmente esse sentimento é maior. Na igreja, todas as famílias parecem perfeitas. As mídias sociais vieram para piorar essa falsa sensação. Todos os casais parecem felizes. Isso traz vergonha, frustração e ansiedade.

E se não formos "um" em nosso casamento? E se tivermos problemas em algumas áreas descritas neste livro? Há esperança para um casamento em crise já nos seus primeiros anos? Com certeza podemos nos sentir frustrados por estarmos em crise já no começo do casamento. Por outro lado, porém, quanto mais cedo reconhecermos isso e procurarmos ajuda, mais cedo podemos experimentar a vontade de Deus para nós.

Graças a Deus, a Bíblia foi escrita para o mundo real. Ela nos orienta em situações reais. E ela foi escrita para pecadores (Romanos 3:23) que sofrem com o seu pecado (Romanos 7:19). Você já notou a ausência de exemplos "perfeitos" nas Escrituras? Procuramos em vão a história de um casal ou uma família realmente modelo para nós. Não é para zelarmos por mediocridade, mas para nos encorajar que nosso único modelo é Jesus. Somos falhos e fracos, vasos de barro feitos de pó (2Coríntios 4:7). Graças a Deus, ele lembra de que somos pó e se compadece de nós, seus filhos (Salmos 103:13,14).

> Resistam-lhe, firmes na fé, certos de que os irmãos de vocês, espalhados pelo mundo, estão passando por sofrimentos iguais aos de vocês (1Pedro 5:9).

Vamos olhar para a carta de Pedro para encontrarmos esperança para casais que têm dificuldade em tornar-se um. Pedro escreve para a igreja no contexto de sofrimento (1Pedro 1:6). Ele exorta aos crentes que permaneçam firmes, fazendo aquilo que é o certo, pois os momentos difíceis são permitidos por Deus para provar e moldar nossa fé (1Pedro 1:7, 13-16). Ele nos lembra do propósito da nossa vida (1Pedro 2:1-12), e exorta os crentes para serem fiéis nos relacionamentos do cotidiano, seguindo o exemplo de fidelidade de Jesus (1Pedro 2:13-25).

Dentre esses relacionamentos do cotidiano, Pedro cita a fidelidade a Deus dentro de um casamento em crise, descrevendo como deve ser a atitude do marido e da esposa (1Pedro 3:1-7). Ou seja, a carta de Pedro contém princípios para pessoas que querem honrar a Deus, mas enfrentam crises em seu casamento.

No último capítulo, Pedro nos dá esperança, lembrando que as lutas que enfrentamos também são enfrentadas por irmãos no mundo inteiro (1Pedro 5:9). Como já falamos, não existe família perfeita. Mas existe a graça de Cristo que nos capacita a o honrarmos, mesmo lidando com uma crise no começo do casamento. Vamos olhar o contexto desse versículo e extrair alguns princípios práticos para essa situação.

PROCUREM AJUDA DOS MAIS EXPERIENTES

> Peço igualmente aos jovens: estejam sujeitos aos que são mais velhos (1Pedro 5:5).

Pedro orienta os líderes da igreja a cuidarem bem dos membros, como pastores que cuidam de um rebanho. Eles devem fazer isso com um espírito de serviço em honra ao Supremo Pastor (1Pedro 5:1-4). Eles são chamados de anciãos (presbíteros), por terem sido reconhecidos pela igreja como homens experientes e piedosos.

Então, logo em seguida, Pedro se dirige aos mais jovens, para que se sujeitem a esses líderes. Parte dessa sujeição implica em buscá-los quando tiverem problemas. Como um casal novo, vocês precisam contar com a liderança que Deus lhes deu, como instrumento dele para cuidar de vocês. Como o texto diz, eles estão a serviço do Supremo Pastor, para aconselhá-los na Palavra. Se seu contexto de igreja local não lhes oferece esse tipo de acompanhamento bíblico e sério, ou se sua liderança não tem credibilidade nessa área, talvez vocês precisem procurar uma outra igreja.

Se vocês não estão envolvidos em uma igreja, esse será o primeiro passo. Busquem uma igreja fiel à Bíblia e conversem com um dos líderes sobre a situação de vocês. Caso seu cônjuge não esteja disposto, você terá que avaliar cuidadosamente se a situação é tão grave que precisa buscar ajuda sozinho. Mas lembre-se que seu alvo ao procurar conselho sempre será você mesmo lidar melhor com a situação e não como mudar o cônjuge. Na medida do possível, explique isso para seu cônjuge, com todo respeito. Alguns se sentirão ameaçados como se fossem o assunto de fofoca. Outros talvez tentem manipular a situação ou usar versículos bíblicos para exigir algum tipo de comportamento. Avalie bem, mas não deixe de buscar socorro se sente que não conseguirá suportar a situação sozinho.

Neste momento é necessária uma palavra de cautela. Homens devem se aconselhar com homens e mulheres com mulheres. Paulo descreve esse tipo de ministério em Tito 2:1-5, onde a liderança local da igreja designa mulheres mais velhas que ensinam e aconselham as mulheres recém-casadas.

Vocês já compartilharam a luta de vocês com algum líder ou outro casal de confiança da igreja? Se não, por que não?

PROCUREM AJUDA DOS IRMÃOS

> Que todos se revistam de humildade no trato de uns com os outros (1Pedro 5:5).

Na continuação do texto, Pedro exorta os irmãos que "se vistam" de humildade no relacionamento com os outros. Dentre várias aplicações, isso inclui reconhecer a necessidade de receber ajuda dos irmãos. Às vezes seremos tentados a resistir em compartilhar nossas lutas ou pedir oração e conselho aos irmãos da igreja, porque não queremos passar a imagem de que somos fracassados. Isso é orgulho. Infelizmente essa atitude tem levado muitos casais a sofrerem sozinhos no meio da igreja.

Imagine quanto encorajamento seria encontrado em um relacionamento no qual as pessoas se abrem sobre suas lutas e os demais se envolvem orando, aconselhando ou simplesmente se mostrando presentes para apoiar. Vocês podem experimentar isso identificando um casal maduro e piedoso na igreja e pedindo para eles orarem e acompanharem vocês nas suas lutas. Mais uma vez, pode acontecer de um dos cônjuges não querer buscar ajuda e você precisar buscá-la sozinho. Nesse caso, tome muito cuidado em quem vai escolher, para não expor o seu cônjuge desnecessariamente.

Há irmãos próximos, maduros, que estão acompanhando vocês em sua crise? Se não, por que não? Há diversos motivos que nos levam a resistir a essa ideia. Alguns são legítimos, como o medo de fofoca. Mas lembre-se de que relacionamentos sempre são arriscados. Pecadores podem pecar contra nós a qualquer momento. Mas o Evangelho nos leva a nos arriscarmos por amor ao próximo e por sabermos que não podemos caminhar sozinhos (Provérbios 18:1; 1Coríntios 13:7; Efésios 4:16).

RECONHEÇAM A NECESSIDADE DE AJUDA

> Deus resiste aos soberbos, mas dá graça aos humildes (1Pedro 5:5).

Talvez vocês ainda resistam a ideia de buscar ajuda. Não é fácil reconhecer que somos fracos. Porém, a humildade de reconhecer nossos pecados e nossa necessidade de ajuda é a essência do Evangelho. Pecadores que não reconhecem sua miséria, não reconhecem sua necessidade de um Salvador. Por isso não são salvos (Marcos 2:17).

Pedro diz que "Deus resiste aos soberbos". Isso significa literalmente que o Senhor se posiciona contra os orgulhosos. O orgulhoso acha que não precisa de Deus e nem dos outros. Por isso Deus luta (a palavra usada é de combate militar) contra o soberbo. Não é uma boa ideia lutar contra o Deus todo-poderoso. Se Deus é contra nós, quem será por nós?

"Mas dá graças aos humildes". Diferente do orgulhoso, o humilde recebe o favor de Deus. Reconhecer sua fraqueza e necessidade é o que ele espera de pecadores. Por isso, não receie admitir a crise no seu casamento diante de Deus, da sua liderança e de irmãos maduros mais chegados. O orgulhoso afunda-se no seu problema sozinho. O humilde encontra apoio e força em Deus e nos irmãos.

No lidar com a crise no casamento, vocês têm sido orgulhosos ou humildes? O que vocês têm experimentado por causa disso?

Humilhem-se

> Portanto, humilhem-se debaixo da poderosa mão de Deus, para que ele, em tempo oportuno, os exalte (1Pedro 5:6).

Dentro de uma cultura arrogante, humilhar-se é uma ofensa. No evangelho, porém, é o primeiro passo para a salvação. Precisamos reconhecer nosso pecado para alcançarmos o perdão (Tiago 4:9,10). Jesus nos ensina a chorar pela nossa maldade, para sermos consolados (Mateus 5:4).

O que tem levado vocês à crise que estão passando? Qual é o pecado de cada um que tem contribuído para essa situação? Qual desejo egoísta tem superado o desejo de agradar a Deus? Você tem procurado culpar somente seu cônjuge?

Confesse esses pecados a Deus, ao cônjuge e a outros envolvidos (Provérbios 28:13). Chore por eles e clame por graça ao Senhor.

Confiem na graça do Senhor e não na sua capacidade

> Lancem sobre ele todas as suas ansiedades, porque ele cuida de vocês (1Pedro 5:7).

Ansiedade é um medo que sentimos ao assumirmos uma responsabilidade que não é nossa. Um casal pode ficar ansioso porque quer ter um casamento perfeito nas suas próprias forças. O orgulho traz ansiedade. A humildade traz paz. Jesus já nos tornou aceitáveis a Deus em sua morte e ressurreição (Romanos 8:1). Em Cristo, não temos mais nada a ganhar, perder ou provar. A verdade nos liberta da performance e das máscaras douradas que seguramos para projetar imagens falsas sobre nós mesmos. Podemos nos humilhar, lançando sobre ele as nossas ansiedades, inclusive no casamento.

A partir dessa verdade, não permita que a crise no seu casamento tire a paz do seu coração. A carta de Pedro nos mostra que problemas fazem parte do plano de Deus para trabalhar em nossas vidas e através delas. Nosso foco é a glória de Deus e não nosso conforto. Deus sabe das nossas limitações e nos ama mesmo assim. Ele vai continuar conosco e trabalhando em nós. Jesus nos convida para esse descanso em Mateus 11:28-30:

> Venham a mim todos vocês que estão cansados e sobrecarregados, e eu os aliviarei. Tomem sobre vocês o meu jugo e aprendam de mim, porque sou manso e humilde de coração; e vocês acharão descanso para a sua alma. Porque o meu jugo é suave, e o meu fardo é leve.

Descanse, pois ele cuida de nós, mesmo na crise do casamento.

Vocês estão ansiosos em meio à crise? Como a verdade de que Deus cuida de vocês, apesar dos problemas, pode ajudá-los?

Não ignorem o perigo

> Sejam sóbrios e vigilantes. O inimigo de vocês, o diabo, anda em derredor, como leão que ruge procurando alguém para devorar (1Pedro 5:8).

Um vídeo que me arrependo de ter assistido, mas que não sai da minha mente toda vez que leio essa passagem, mostrava um homem em um

Ansiedade é um medo que sentimos ao assumirmos uma responsabilidade que não é nossa. Um casal pode ficar ansioso porque quer ter um casamento perfeito nas suas próprias forças. O orgulho traz ansiedade. A humildade traz paz.

safári na África. Ele sai do seu carro para filmar um grupo de leões. Porém, não percebe uma leoa que vem por trás e o ataca. A ignorância do perigo à vista pode ser fatal.

Nosso casamento reflete a imagem do Deus Triúno e do amor de Jesus pela sua Noiva, a igreja. Falamos sobre isso no livro todo, pois é o que a Bíblia inteira nos ensina. O diabo odeia a Deus e por isso, esse reflexo. É por essa razão que a família é um dos seus alvos prediletos. Como já vimos, o inimigo atacou o primeiro casal logo após a lua de mel (Gênesis 3:1-7). Ele continua andando em derredor, faminto por famílias que resplandeçam a glória do Senhor. Nos últimos tempos, seus ataques são cada vez mais fortes, sabendo que pouco tempo lhe resta (Apocalipse 12:12). Por isso, o "ensino dos demônios" nos últimos tempos inclui a "proibição do casamento" (1Timóteo 4:1-3). Também por isso, falsos profetas andam pervertendo famílias inteiras, ensinando coisas que não devem, visando lucro (Tito 1:11). Ao mesmo tempo, as mídias sociais nos bombardeiam com o ensino de "influenciadores" que se infiltram nas casas e "conseguem cativar mulheres tolas, sobrecarregadas de pecados, que são levadas por todo tipo de desejos, que estão sempre aprendendo e nunca conseguem chegar ao conhecimento da verdade" (2Timóteo 3:6,7). Como casal, vocês não devem ignorar esse perigo.

Pedro nos alerta a sermos sóbrios e vigilantes. Isso significa que devemos ter autocontrole e vigiar o tempo todo. Como temos enchido nossa mente (Filipenses 4:8)? Com qual frequência lemos a Palavra para filtrarmos tudo por ela (Salmos 119:105)? Como está nossa vida de oração (Mateus 26:41)? Com está nossa vida devocional, o envolvimento com a igreja e a prática de outras disciplinas espirituais? Se temos falhado nessas áreas, não podemos nos surpreender que tenhamos uma crise no casamento.

Resistam o inimigo

> Resistam-lhe, firmes na fé (1Pedro 5:9).

Se você é um cristão, o diabo não pode fazer você pecar. A atuação dele está limitada a manipular o mundo na sua frente para despertar seus desejos pecaminosos (1João 2:16). A decisão de seguir seu desejo ou a vontade de Deus é sua. Seguir seu desejo é pecar (Tiago 1:13-15). Seguir a vontade de Deus é fé. Se não formos controlados pelos nossos desejos, o diabo não pode fazer nada.

Liste os desejos que você identificou acima, nesse capítulo, que superaram os desejos de agradar a Deus. Pense, de forma prática, como você pode resisti-los. Por exemplo: quando meu marido chegar em casa e não sair do celular, vou resistir à tentação de dar um tratamento de gelo, também o ignorando; vou orar por ele e pelo meu coração, vou sentar-me ao seu lado e participar do que ele está fazendo.

Sei que parece artificial, porém, se não formos intencionais e radicais, continuaremos sendo presas fáceis ao inimigo. Imagine se as forças armadas não treinassem constantemente para circunstâncias de guerra. Assim somos nós quando não nos preparamos para as batalhas espirituais.

Não estamos sozinhos

> (...) certos de que os irmãos de vocês, espalhados pelo mundo, estão passando por sofrimentos iguais aos de vocês (1Pedro 5:9).

Chegamos no texto que usamos no início desse capítulo. A lembrança de que não estamos sozinhos nas lutas do casamento deve nos encorajar e nos levar a passos práticos.

Participem de grupos pequenos de casais em sua igreja. É um ambiente perfeito para compartilhar suas lutas e participar da luta de outros casais. Nesses ministérios aprendemos a lidar biblicamente com nossas crises. É onde somos aconselhados. Se sua igreja não tem um ministério como esse, converse com a liderança para começar um grupo com esse enfoque. Pode ser algo informal e simples, onde o compartilhar e o estudo bíblico específico sejam o carro chefe.

Busquem bons livros na área de casamento bíblico. Temos disponibilizado sugestões em cada capítulo de livros que tratam dos temas abordados. Procurem ler um livro sobre casamento todo ano. Isso ajuda a manter os princípios em nossa mente.

Procure bons materiais na internet, como palestras, pregações e cursos na área de casamento. Também temos disponibilizado links de vídeos do canal do casal Merkh, que tem abordado centenas de assuntos práticos do casamento, e ainda outros recursos no final desse livro.

Vocês não estão sozinhos. Todos os casais enfrentam crises em seus casamentos, pois todos os casais são pecadores.

Não perca a esperança

> E o Deus de toda a graça, que em Cristo os chamou à sua eterna glória, depois de vocês terem sofrido por um pouco, ele mesmo irá aperfeiçoar, firmar, fortificar e fundamentar vocês. A ele seja o domínio para sempre. Amém! (1Pedro 5:10,11).

Não podemos ter certeza de que todas as nossas crises no casamento serão resolvidas nessa vida. Às vezes não temos o apoio do nosso cônjuge, outras vezes temos as nossas próprias dificuldades com nosso pecado. Porém, a Bíblia não promete uma vida sem problemas aqui. Mas os problemas estão debaixo dos propósitos de Deus que nos capacita em cada uma delas. Essa é a mensagem de 1Pedro.

Porém, a Bíblia não nos deixa sem esperança. Na verdade, ela nos enche de esperança chamando nosso sofrimento, independentemente do quão grande seja, de "pouco", comparado com o que receberemos em Cristo (Romanos 8:18; 2Coríntios 4:17,18).

Nossa certeza é: se cremos em Cristo, nossa vida será restaurada à perfeição no futuro, quando o encontrarmos na eternidade (1João 3:2). Que essa verdade o encoraje a permanecer fiel, mesmo dentro da crise, buscando agradar a Deus nas circunstâncias que ele tem permitido vocês viverem agora.

Ele tem o domínio para sempre, de todo universo, mas também do meu casamento, mesmo que esteja em crise.

CONCLUSÃO

Maria precisa saber que ela não está sozinha. Ela precisa compreender que os problemas do casamento dela não são o fim, mas o meio de como Deus trabalha na vida dela e através dela. A Bíblia nos dá princípios práticos de como lidar com os sofrimentos causados pelas crises, com coragem e esperança, para a glória de Deus.

A LIÇÃO PRINCIPAL

Deus trabalha nas crises conjugais comuns a todos para sua glória e nosso bem.

PARA DISCUSSÃO

1. Diante do que foi exposto neste capítulo, qual é o próximo passo que vocês deverão dar para lidar com crises em seu casamento?
2. Caso não estejam vivendo uma crise agora, qual deveria ser o primeiro passo de vocês ao lidarem com uma?
3. De todos os princípios apresentados neste capítulo, em qual vocês são fortes? Em qual vocês veem fraqueza?
4. Por que tantos casais demoram muito tempo antes de procurar ajuda pelas dificuldades que passam?

RECURSOS

- *15 lições para fortalecer a família*, de David e Carol Sue Merkh e Ralph e Ruth Reamer, Hagnos, 2020.

YOUTUBE – PALAVRA E FAMÍLIA

- Enfrentando tempestades
https://www.youtube.com/watch?v=jULbPXKRzUs

- Fizemos tudo errado
https://www.youtube.com/watch?v=6bbU2TAf_Vw&t=416s

CONCLUSÃO:

E AGORA?

TERMINAMOS uma longa jornada pelo livro, mas a aventura matrimonial ainda está começando. E agora? O que você fará com os princípios e práticas que aprendeu até aqui?

Nosso sincero desejo é que você continue implementando algumas das ideias apresentadas aqui para fortalecer o seu lar. Tome cuidado para não tentar abraçar o mundo, tentando fazer tudo agora. No fim, vai se desanimar e acabar fazendo nada. Foque em duas ou três áreas mais importantes nas quais você entende que Deus quer trabalhar, converse com seu cônjuge e confie na infinita graça e misericórdia de Deus para avançar. Não se desanime com as falhas inevitáveis, mas levante a cabeça e recomece! Conte com a infinita graça e misericórdia de Deus que se renovam a cada dia (Lamentações 3:21-23).

Além de praticar o que aprendeu, pense na possibilidade de repassar esses princípios para outros. Afinal, a melhor maneira de aprender é ensinando outros. Você poderia investir em algum casal de namorados ou noivos, usando esse livro como guia de estudo e acompanhamento pré-nupcial. Embora escrito para casais nos primeiros anos de casamento, nada melhor que medicina preventiva para preparar novos casais antes do matrimônio.

Você também poderia investir em outro casal de amigos em um discipulado focado no lar. Ou poderia montar um grupo pequeno de casais (inclusive com pessoas que não conhecem a Cristo, mas que querem fortalecer o fundamento do seu lar. Quem sabe vão perceber sua necessidade de Jesus como construtor do seu lar e abraçá-lo como Salvador!). Pense também na possibilidade de formar uma classe de Escola Bíblica da igreja, usando os capítulos e as perguntas para discussão como roteiro da aula.

O apóstolo Paulo resume nosso desejo para você agora:

> Quanto a você, meu filho, fortifique-se na graça que há em Cristo Jesus. E o que você ouviu de mim na presença de muitas testemunhas, isso mesmo transmita a homens [e mulheres] fiéis, idôneos para instruir a outros. (2Timóteo 2:1,2).

BIBLIOGRAFIA

BÍBLIA. Bíblia Sagrada. Nova Almeida Atualizada. Barueri: SBB, 2017.

EARLEY, Justin Whitmel, *Hábitos – Como praticar a história de Deus na rotina familiar,* São Paulo: Central Gospel, 2022.

FITZPATRICK, Elyse; NEWHEISER, Jim. *Entre pais e filhos: lutando com a transição para a vida adulta.* Tradução: Francisco Brito. São Paulo: Fiel, 2018.

GARY, Ezzo; GARY, Anne Marie. *Educação de filhos à maneira de Deus.* São Paulo: Pompeia, 2002, 5. ed.

HARVEY, Dave. *Quando pecadores dizem "sim".* São José dos Campos: Fiel, 2009.

JONES, Robert D. *Eu simplesmente não consigo me perdoar!* São Paulo: Nutra, 2010.

_____. *Restauração para o casamento devastado pelo adultério.* São Paulo: Nutra, 2011.

KÖSTENBERGER, Andreas; JONES, David. W. *Deus, casamento e família.* São Paulo: Vida Nova, 2011.

LOUW, Johannes. P.; NIDA, Eugene A. *Greek-English lexicon of the New Testament: based on semantic domains (electronic ed. of the 2nd edition).* Vol. 1. New York: United Bible Societies, 1996.

MCCRACKEN, Brett. *A pirâmide da sabedoria.* São Paulo: Thomas Nelson, 2023.

MERKH, Carol Sue; MERKH, David J. *Mulheres mais parecidas com Jesus,* São Paulo: Hagnos, 2024.

MERKH, David J. *Cantares para casais.* São Paulo: Hagnos, 2022.

_____. *Comentário bíblico: Lar, família e casamento,* São Paulo: Hagnos, 2019.

_____. *Homens mais parecidos com Jesus.* São Paulo: Hagnos, 2021.

_____. *Homem nota 10.* São Paulo: Hagnos, 2015.

MERKH, David J.; MENDES, Alexandre. *O namoro e o noivado que Deus sempre quis*. São Paulo: Hagnos, 2013.

_____. *Perguntas e respostas sobre namoro e o noivado que Deus sempre quis*. São Paulo: Hagnos, 2015.

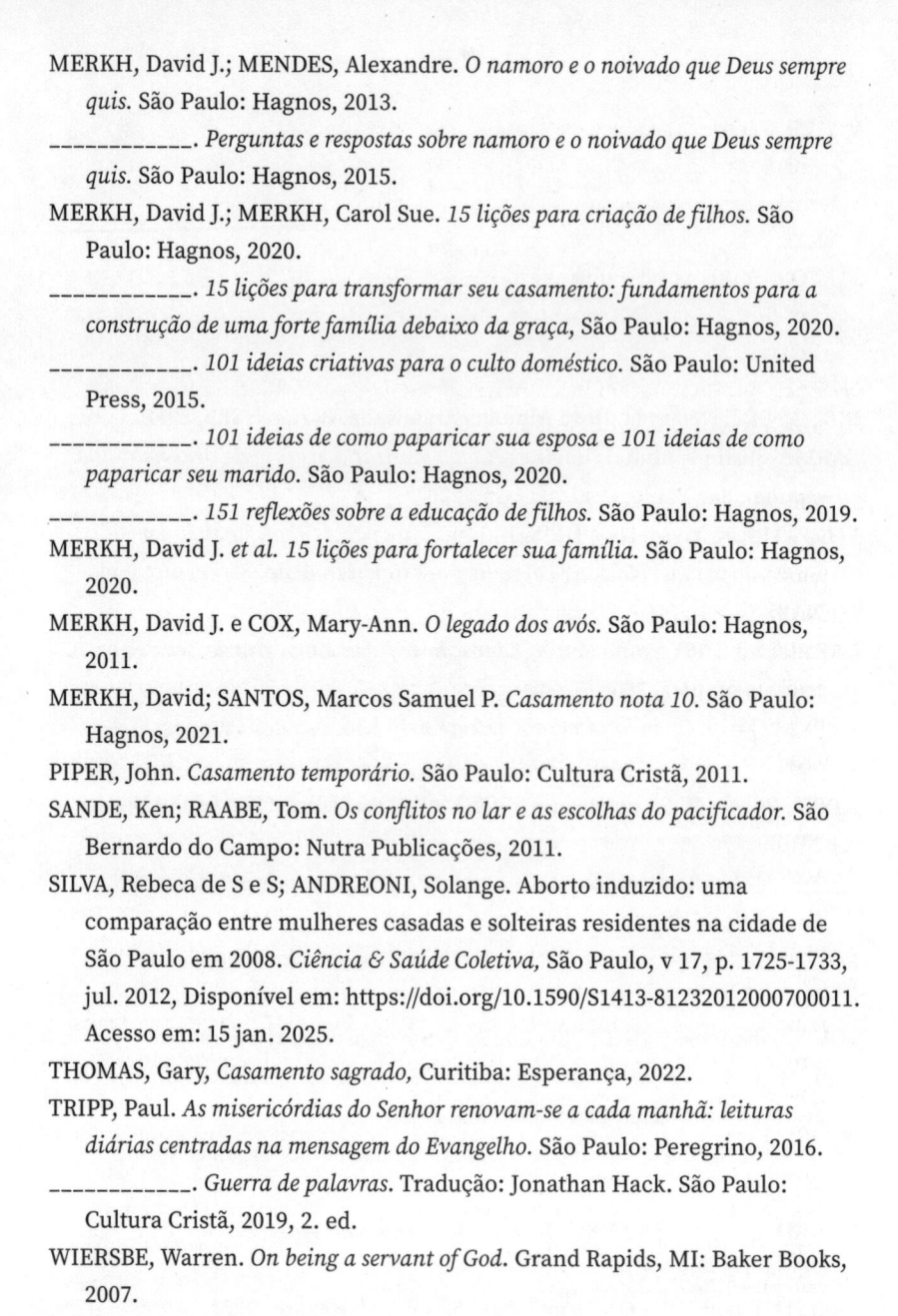

MERKH, David J.; MERKH, Carol Sue. *15 lições para criação de filhos*. São Paulo: Hagnos, 2020.

_____. *15 lições para transformar seu casamento: fundamentos para a construção de uma forte família debaixo da graça*, São Paulo: Hagnos, 2020.

_____. *101 ideias criativas para o culto doméstico*. São Paulo: United Press, 2015.

_____. *101 ideias de como paparicar sua esposa* e *101 ideias de como paparicar seu marido*. São Paulo: Hagnos, 2020.

_____. *151 reflexões sobre a educação de filhos*. São Paulo: Hagnos, 2019.

MERKH, David J. et al. *15 lições para fortalecer sua família*. São Paulo: Hagnos, 2020.

MERKH, David J. e COX, Mary-Ann. *O legado dos avós*. São Paulo: Hagnos, 2011.

MERKH, David; SANTOS, Marcos Samuel P. *Casamento nota 10*. São Paulo: Hagnos, 2021.

PIPER, John. *Casamento temporário*. São Paulo: Cultura Cristã, 2011.

SANDE, Ken; RAABE, Tom. *Os conflitos no lar e as escolhas do pacificador*. São Bernardo do Campo: Nutra Publicações, 2011.

SILVA, Rebeca de S e S; ANDREONI, Solange. Aborto induzido: uma comparação entre mulheres casadas e solteiras residentes na cidade de São Paulo em 2008. *Ciência & Saúde Coletiva,* São Paulo, v 17, p. 1725-1733, jul. 2012, Disponível em: https://doi.org/10.1590/S1413-81232012000700011. Acesso em: 15 jan. 2025.

THOMAS, Gary, *Casamento sagrado,* Curitiba: Esperança, 2022.

TRIPP, Paul. *As misericórdias do Senhor renovam-se a cada manhã: leituras diárias centradas na mensagem do Evangelho*. São Paulo: Peregrino, 2016.

_____. *Guerra de palavras*. Tradução: Jonathan Hack. São Paulo: Cultura Cristã, 2019, 2. ed.

WIERSBE, Warren. *On being a servant of God*. Grand Rapids, MI: Baker Books, 2007.

SITES

ALVIM, Mariana. Cada vez mais brasileiros veem pets como filhos, tendência criticada pelo papa, *BBC News Brasil*, São Paulo, 14 jan. 2022. Disponível em: https://www.bbc.com/portuguese/geral-59989766. Acesso em: 15 jan. 2025.

BARTON, Sarah. Is Infertility on the Rise? *CCRM Fertility*, Lone Tree, CO, 16 jun. 2022. Disponível em: https://www.ccrmivf.com/blog/is-infertility-on-the-rise/. Acesso em: 15 jan. 2025.

Desgraça. In: Dicionário Priberam da Língua Portuguesa [em linha], 2008-2024, https://dicionario.priberam.org/desgra%C3%A7a. Acesso em 07 jan. 2025.

CAPLER. Rodolfo. O "apagão sexual" da geração Z. Entenda. *Veja*, São Paulo, 13 jul. 2013. Disponível em: https://veja.abril.com.br/coluna/matheus-leitao/o-apagao-sexual-da-geracao-z-entenda. Acesso em 13 jan. 2025.

FERNANDES, Amanda. Famílias brasileiras têm mais pets do que crianças. *Petlove*, São Paulo, 24 nov. 2021. Disponível em: https://www.petlove.com.br/dicas/familias-brasileiras-tem-mais-pets-do-que-criancas. Acesso em 15 jan. 2025.

HAMMOND, Claudia. As mulheres falam mais do que os homens? *BBC News Brasil*, São Paulo, 17 nov. 2013. Disponível em https://www.bbc.com/portuguese/noticias/2013/11/131117_mulheres_falam_mais_homens_lgb. Acesso em 13 jan. 2025.

LIMA, Kevin. União homoafetiva, proteção a pets, doação de órgãos e regras para IA: o que prevê a reforma do Código Civil em debate no Senado. *G1*, Brasília, 01 abr. 2024. Disponível em https://g1.globo.com/politica/noticia/2024/04/01/uniao-homoafetiva-protecao-a-pets-doacao-de-orgaos-e-regras-para-ia-o-que-preve-a-reforma-do-codigo-civil-em-debate-no-senado.ghtml#5. Acesso em: 13 jan. 2025.

MOORE, Russel. Amor falso, guerra falsa: Porque tantos homens estão viciados em pornografia e videogames. *Voltemos ao Evangelho,* São José dos Campos, 28 set. 2012. Disponível em https://voltemosaoevangelho.com/blog/2012/09/russell-moore-amor-falso-guerra-falsa-porque-tantos-homens-estao-viciados-em-pornografia-e-videogames/. Acesso em: 13 jan. 2025.

PÁUL, Fernanda. Por que cada vez mais casais estão dormindo separados. *BBC News Brasil*, São Paulo, 18 fev. 2024. Disponível em: https://www.bbc.com/portuguese/articles/crgvnle2rpno. Acesso em: 13 jan. 2025.

POTTER, Dan. Judges 15: Equally Yoked. *The5MC*, [sem local], 11 jun. 2020, disponível em https://www.the5mc.com/post/judges-15-equally-yoked. Acesso em: 13 jan. 2025.

SANDLIN, P. Andrew. The Childless Utopia. *Christ Over All*, [sem local], 10 abr. 2024. Disponível em: https://christoverall.com/article/concise/the-childless-utopia/. Acesso em: 15 jan. 2025.

VÍDEOS DO CANAL PALAVRA E FAMÍLIA, DE DAVID MERKH E CAROL SUE MERKH, NO YOUTUBE

O ciclo de vida do amor – Cantares
    https://www.youtube.com/watch?v=025toN2ddGw.
Família em que reina a graça
    https://www.youtube.com/watch?v=pCgYtPtBdws
Graça ou desgraça no lar
    https://www.youtube.com/watch?v=twWArT1AlLw
A tragédia do pecado e o triunfo da Graça
    https://www.youtube.com/watch?v=Qvh2UkmxaZk&t=21s
Mágoa e perdão
    https://www.youtube.com/watch?v=UloGM2fHLaU&t=589s
A diferença entre "desculpa" e "perdão"
    https://www.youtube.com/watch?v=1cUhL49N_cw
Lidando com os maus hábitos do meu cônjuge (e meus)
    https://www.youtube.com/watch?v=Cxy1xjvnEBY&t=59s
Recebendo crítica no lar
    https://www.youtube.com/watch?v=0N7-GVKg3BE
Dando críticas no lar
    https://www.youtube.com/watch?v=oLxij7vJdq0
Como posso mudar meu cônjuge?
    https://www.youtube.com/watch?v=616OlAyLzZY&t=8s
Playlist: "Hábitos do lar"
    https://www.youtube.com/playlist?list=PLw7L4_qOwhO51opqD3dhD2_aSCT9Psg9D
Playlist: Culto doméstico
    youtube.com/playlist?list=PLw7L4_qOwhO5a3KAnF5YVEaimGuv3zE0s
A mesa e o trono (como usar jogos de tabuleiro para enriquecer o tempo familiar e evangelizar vizinhos):
    Parte 1: https://www.youtube.com/watch?v=AY9lR10SGXs&t=169s
    Parte 2: https://www.youtube.com/watch?v=7BAu25rWKfA&t=492s
Meu cônjuge, meu amigo
    https://www.youtube.com/watch?v=TnfJC0H1HAw&t=366s
Casamento nota 10: Devocionais para casais
    https://www.youtube.com/watch?v=J_aPjr8fbII

SITES

ALVIM, Mariana. Cada vez mais brasileiros veem pets como filhos, tendência criticada pelo papa, *BBC News Brasil*, São Paulo, 14 jan. 2022. Disponível em: https://www.bbc.com/portuguese/geral-59989766. Acesso em: 15 jan. 2025.

BARTON, Sarah. Is Infertility on the Rise? *CCRM Fertility*, Lone Tree, CO, 16 jun. 2022. Disponível em: https://www.ccrmivf.com/blog/is-infertility-on-the-rise/. Acesso em: 15 jan. 2025.

Desgraça. In: Dicionário Priberam da Língua Portuguesa [em linha], 2008-2024, https://dicionario.priberam.org/desgra%C3%A7a. Acesso em 07 jan. 2025.

CAPLER. Rodolfo. O "apagão sexual" da geração Z. Entenda. *Veja*, São Paulo, 13 jul. 2013. Disponível em: https://veja.abril.com.br/coluna/matheus-leitao/o-apagao-sexual-da-geracao-z-entenda. Acesso em 13 jan. 2025.

FERNANDES, Amanda. Famílias brasileiras têm mais pets do que crianças. *Petlove*, São Paulo, 24 nov. 2021. Disponível em: https://www.petlove.com.br/dicas/familias-brasileiras-tem-mais-pets-do-que-criancas. Acesso em 15 jan. 2025.

HAMMOND, Claudia. As mulheres falam mais do que os homens? *BBC News Brasil*, São Paulo, 17 nov. 2013. Disponível em https://www.bbc.com/portuguese/noticias/2013/11/131117_mulheres_falam_mais_homens_lgb. Acesso em 13 jan. 2025.

LIMA, Kevin. União homoafetiva, proteção a pets, doação de órgãos e regras para IA: o que prevê a reforma do Código Civil em debate no Senado. *G1*, Brasília, 01 abr. 2024. Disponível em https://g1.globo.com/politica/noticia/2024/04/01/uniao-homoafetiva-protecao-a-pets-doacao-de-orgaos-e-regras-para-ia-o-que-preve-a-reforma-do-codigo-civil-em-debate-no-senado.ghtml#5. Acesso em: 13 jan. 2025.

MOORE, Russel. Amor falso, guerra falsa: Porque tantos homens estão viciados em pornografia e videogames. *Voltemos ao Evangelho*, São José dos Campos, 28 set. 2012. Disponível em https://voltemosaoevangelho.com/blog/2012/09/russell-moore-amor-falso-guerra-falsa-porque-tantos-homens-estao-viciados-em-pornografia-e-videogames/. Acesso em: 13 jan. 2025.

PÁUL, Fernanda. Por que cada vez mais casais estão dormindo separados. *BBC News Brasil*, São Paulo, 18 fev. 2024. Disponível em: https://www.bbc.com/portuguese/articles/crgvnle2rpno. Acesso em: 13 jan. 2025.

POTTER, Dan. Judges 15: Equally Yoked. *The5MC*, [sem local], 11 jun. 2020, disponível em https://www.the5mc.com/post/judges-15-equally-yoked. Acesso em: 13 jan. 2025.

SANDLIN, P. Andrew. The Childless Utopia. *Christ Over All,* [sem local], 10 abr. 2024. Disponível em: https://christoverall.com/article/concise/the-childless-utopia/. Acesso em: 15 jan. 2025.

VÍDEOS DO CANAL PALAVRA E FAMÍLIA, DE DAVID MERKH E CAROL SUE MERKH, NO YOUTUBE

O ciclo de vida do amor – Cantares
https://www.youtube.com/watch?v=025toN2ddGw.

Família em que reina a graça
https://www.youtube.com/watch?v=pCgYtPtBdws

Graça ou desgraça no lar
https://www.youtube.com/watch?v=twWArT1AlLw

A tragédia do pecado e o triunfo da Graça
https://www.youtube.com/watch?v=Qvh2UkmxaZk&t=21s

Mágoa e perdão
https://www.youtube.com/watch?v=UloGM2fHLaU&t=589s

A diferença entre "desculpa" e "perdão"
https://www.youtube.com/watch?v=1cUhL49N_cw

Lidando com os maus hábitos do meu cônjuge (e meus)
https://www.youtube.com/watch?v=Cxy1xjvnEBY&t=59s

Recebendo crítica no lar
https://www.youtube.com/watch?v=0N7-GVKg3BE

Dando críticas no lar
https://www.youtube.com/watch?v=oLxij7vJdq0

Como posso mudar meu cônjuge?
https://www.youtube.com/watch?v=616OlAyLzZY&t=8s

Playlist: "Hábitos do lar"
https://www.youtube.com/playlist?list=PLw7L4_qOwhO51opqD3dhD2_aSCT9Psg9D

Playlist: Culto doméstico
youtube.com/playlist?list=PLw7L4_qOwhO5a3KAnF5YVEaimGuv3zE0s

A mesa e o trono (como usar jogos de tabuleiro para enriquecer o tempo familiar e evangelizar vizinhos):
Parte 1: https://www.youtube.com/watch?v=AY9lR10SGXs&t=169s
Parte 2: https://www.youtube.com/watch?v=7BAu25rWKfA&t=492s

Meu cônjuge, meu amigo
https://www.youtube.com/watch?v=TnfJC0H1HAw&t=366s

Casamento nota 10: Devocionais para casais
https://www.youtube.com/watch?v=J_aPjr8fbII

BIBLIOGRAFIA

O papel do homem como pastor da família
https://www.youtube.com/watch?v=fkCPV_qH3QU&t=9s

O papel do homem como protetor
https://www.youtube.com/watch?v=N4yUVGV7P8c&t=25s

O papel do homem: Liderança
https://www.youtube.com/watch?v=mRvBN6CQ160&t=5s

O papel da esposa
https://www.youtube.com/watch?v=gUQ5vGxlKIE&list=PLw7L4_qOwhO6cFMySA4SA4UdIwTy1z7nz

Submissão
https://www.youtube.com/watch?v=1Xpm3L7tjAw&t=13s

Respeito
https://www.youtube.com/watch?v=WWGYHmk5Lxs&t=16s

Auxílio idôneo
https://www.youtube.com/watch?v=gUQ5vGxlKIE&t=161s

Meu cônjuge não ajuda em nada
https://www.youtube.com/watch?v=iKp_vuIkaDc&t=271s

Casamento cristocêntrico: Comunicação
https://www.youtube.com/watch?v=ct9CZRTHhuA&t=531s

Códigos conjugais: Dicas para melhorar a comunicação conjugal
https://www.youtube.com/watch?v=JSkdgthL_CQ&t=13s

Amor, romance, sexo e casamento
https://www.youtube.com/watch?v=wJXMXn94XHs&t=3s

Playlist: Cantares
https://www.youtube.com/watch?v=wJXMXn94XHs&list=PLw7L4_qOwhO48_xmMzee6hmKOlfXKY99L

O saco furado: Gestão financeira no lar
https://www.youtube.com/watch?v=wKDx4zzPyQ8

Dicas práticas para gestão financeira no lar
https://www.youtube.com/watch?v=tAdnYQUZSwU&t=568s

Planejamento financeiro no lar
https://www.youtube.com/watch?v=93uaYWMoLVw

Descontrole financeiro
https://www.youtube.com/watch?v=-zsMiR8GjqU&t=642s

O seminário bíblico do lar cristão: Disciplina e finanças
https://www.youtube.com/watch?v=GJdFvV_9gzI

O seminário bíblico do lar cristão: Fé e contribuição
https://www.youtube.com/watch?v=OInAc8k2nYM

Lidando com a sogra
https://www.youtube.com/watch?v=6ELO7mP0kC8

Avós que ajudam ou atrapalham
https://www.youtube.com/watch?v=MAyvPTIiGc4

Socorro! Meus sogros estão em casa
https://www.youtube.com/watch?v=XWigmC-YoGc&t=14s

Mães e filhas, sogras e noras
https://www.youtube.com/watch?v=RtDW5V_KzdA&t=172s

Um para o outro, ambos para Deus
https://www.youtube.com/watch?v=aW1ORuoN2Os

Playlist: Namoro
https://www.youtube.com/playlist?list=PLw7L4_qOwhO47J1LNPR7xx7gec3QFPt6O

Planejamento familiar
https://www.youtube.com/watch?v=cPciVjur6-0&t=171s

Ter ou não ter filhos
https://www.youtube.com/watch?v=RKq78RCMd_0

Playlist: Educação de filhos
https://www.youtube.com/playlist?list=PLw7L4_qOwhO6Q0niD1tnE2Df6PnxjI9Gs

Enfrentando tempestades
https://www.youtube.com/watch?v=jULbPXKRzUs

Fizemos tudo errado
https://www.youtube.com/watch?v=6bbU2TAf_Vw&t=416s

SOBRE OS AUTORES

PR. DAVID MERKH formou-se bacharel na Universidade de Cedarville, EUA em 1981, com mestrado em teologia (Th.M.) no Dallas Theological Seminary, EUA, em 1986. Concluiu o doutorado em Ministérios (D.Min.), ênfase em ministério familiar no mesmo seminário (2003). Ele e Carol Sue são casados desde 1982. O casal tem seis filhos e tinha 23 netos quando este livro foi escrito. Desde 1987, David serve como professor no Seminário Bíblico Palavra da Vida em Atibaia, São Paulo, e como um dos pastores auxiliares da Primeira Igreja Batista de Atibaia. David e sua esposa são autores ou coautores de 22 livros sobre vida familiar e ministério prático, pela Editora Hagnos. Pr. David e Carol têm um canal no YouTube chamado "Palavra e Família", um site *www.palavraefamilia.org.br* e um programa de rádio BBN "Palavra e Família".

PR. RICARDO G. LIBANEO formou-se com licenciatura plena em Educação Física na Fundação Municipal de Ensino Superior de Bragança Paulista (FESB), em 2005, com pós-graduação em Educação Física Escolar, na Faculdades Metropolitanas Unidas (FMU). Fez mestrado em Ministérios no Seminário Bíblico Palavra da Vida, em 2015, e é mestrando em Aconselhamento Bíblico no Seminário Batista Regular Logos de São Paulo. Casado com a Camila desde 2006, com quem tem três filhos, Laila, Isabella e Gustavo. Serviu como missionário em ministérios de esportes pela Primeira Igreja Batista de Atibaia (PIBA), atuando em Itapeva, São Paulo, de 2008 a 2010. Foi pastor da congregação da PIBA em Socorro, São Paulo, de 2011 a 2015. Também pastoreou os jovens na PIBA, desde 2016, onde acompanha o grupo de noivos. Em 2020 assumiu como um dos pastores titulares da igreja. Ricardo tem um blog sobre noivado: noivadobiblico.blogspot.com, e um blog com artigos bíblicos diversos: libaneo.blogspot.com.

Sua opinião é importante para nós.
Por gentileza, envie-nos seus comentários pelo e-mail:

editorial@hagnos.com.br